Zhonghua Renmin Gongheguo Shigao
Chuban Hou de Sikao

《中华人民共和国史稿》出版后的思考

当代中国研究所 编

当代中国出版社
Contemporary China Publishing House

图书在版编目(CIP)数据

《中华人民共和国史稿》出版后的思考/当代中国研究所编. —北京：当代中国出版社，2014. 2

ISBN 978-7-5154-0416-5

Ⅰ. ①中… Ⅱ. ①当… Ⅲ. ①《中华人民共和国史稿》—编辑工作—研究 Ⅳ. ①G232

中国版本图书馆 CIP 数据核字(2014)第 030903 号

出版人　周五一
责任编辑　柯琳芳　章文岚
责任校对　康　莹
装帧设计　古涧文化
出版发行　当代中国出版社
地　址　北京市地安门西大街旌勇里 8 号
网　址　http://www.ddzg.net　邮箱：ddzgcbs@sina.com
邮政编码　100009
编辑部　(010)66572264　66572132　66572154
市场部　(010)66572281 或 66572155/56/57/58/59 转
印　刷　北京润田金辉印刷有限公司
开　本　720×1020 毫米　1/16
印　张　11.5 印张　2 插页　128 千字
版　次　2014 年 3 月第 1 版
印　次　2014 年 3 月第 1 次印刷
定　价　35.00 元

前　言

当代中国研究所历时20年编写完成的多卷本《中华人民共和国史稿》（以下简称《国史稿》），经中央审定、批准于2012年9月出版后，引起了广泛而热烈的社会反响。新华社于9月23日发布通稿，认为："该书的出版发行，对于发挥国史研究以史鉴今、资政育人作用，对于帮助人们系统学习新中国的历史、了解新中国的发展历程，深刻认识党领导人民进行社会主义革命、建设、改革的辉煌成就和历史经验，坚定中国特色社会主义理想信念，具有重要意义。"全国各主要媒体大都刊载了这一消息。

《国史稿》出版后，中共中央文献研究室主任冷溶，中共中央党史研究室主任欧阳淞，中国社会科学院院长王伟光（时任常务副院长）和中国社会科学院副院长、当代中国研究所所长李捷，当代中国研究所原所长李力安，中国社会科学院原副院长、当代中国研究所原所长朱佳木等在《人民日报》、《光明日报》等报刊上撰文，对该书出版给予了高度评价，从不同侧面、不同角度评述了《国史稿》主要特色和成就，充分肯定了该书出版的社会意义和学术价值。

中共当代中国研究所党组于2012年10月初作出《关于认真学习〈中华人民共和国史稿〉的决定》，要求全所同志把认真阅读《国史稿》作为一项重要的学习任务，深入学习《国史稿》的创新成果和成功经验，学习《国史稿》编撰过程中体现出的优良学风和品德风范，学习和弘扬老一辈国史工作者实事求是、秉笔为公、崇尚科学、追求真理、严谨细致、精益求精、心无旁骛、无私奉献的精神。为了配合这次学习活动，深入总结《国史稿》的编写工作经验，当代中国研究所特别邀请主持和参加《国史稿》编写工作的李力安、有林、梁柱、周新城、田居俭、刘国新、张启华、程中原、张星星等，先后就《国史稿》编写的指导思想、编撰原则、主要内容、工作经验和体会等问题，举办了系列专题讲座。

本书汇集了《国史稿》出版后，各主要媒体发表的评论和介绍文章，作为第一部分；还收入《国史稿》系列专题讲座的讲稿，作为第二部分；并将全书定名为《〈中华人民共和国史稿〉出版后的思考》。希望通过本书的编辑和出版，使大家更好地领会《国史稿》编撰者正确的世界观、历史观、方法论和优秀学风、宝贵经验，推动国史研究和编撰工作向着更高的目标迈进。中华人民共和国的各项事业正在蓬勃发展，全面建成小康社会，实现中华民族伟大复兴的中国梦，正在展现更加美好恢宏的发展蓝图。国史编修只有进行时，没有完成时，当代中国研究所必将为国史研究和编纂事业作出不辱使命的积极贡献。

本书编辑工作在中国社会科学院副院长、当代中国研究所所长李捷领导下进行，当代中国研究所副所长张星星担任主编，于俊霄、狄飞、王宇、宋爱萍、韩鑫等参加了有关编辑工作。当代中国出版社张永、章文岚等为本书的编辑、装帧、校对、出版做了大量工作，谨表诚挚谢意。

当代中国研究所

2013 年 12 月

目录
contents

《中华人民共和国史稿》对推进哲学社会科学创新工程的启示作用

中国社会科学院院长　王伟光

经中央批准的多卷本《中华人民共和国史稿》出版问世了。这是继大型丛书《当代中国》之后中华人民共和国史研究又一部重要成果，也是哲学社会科学繁荣发展中的一个创新成果。

一部中华人民共和国史，是中国共产党把马克思主义基本原理同中国实际相结合，领导全国各族人民进行社会主义革命、建设和改革的探索史、奋斗史、创业史和发展史。在这一波澜壮阔的历史进程中，中国发生了有史以来最为广泛而深刻的社会变革，社会主义中国屹立在世界东方，中国人民实现了当家作主，中华民族正在走向伟大复兴。《中华人民共和国史稿》赞颂和讴歌了这一段辉煌的历史，深刻地揭示出一个颠扑不破的真理：在近代以来中国社会发展进步的壮阔进程中，历史和人民选择了中国共产党，选择了马克思主义，选择了社会主义，选择了中国特色社会主义道路。

《中华人民共和国史稿》具有以下几个鲜明的特点。

第一，《中华人民共和国史稿》继承和发展了马克思主义史学，为党和国家写史，为人民立传。

实事求是，秉笔直书，传诸于世，是史学著述追求的最高境界。要真正做到这一点，就必须坚持以马克思主义历史唯物主义为指导，站在党和人民的立场上，全面客观地反映历史本来面目，深刻辩证地揭示历史本质特征及其发展规律。

《中华人民共和国史稿》紧扣时代发展主题和历史发展主线，紧紧围绕新中国成立以来社会主要矛盾的发展演变，深入剖析这些矛盾在政治、经济、文化、社会和外交等方面的具体表现，深入阐述由这些矛盾决定的基本历史任务及其曲折复杂的实践过程，全面总结历史经验教训。全书突出一个主题，即中国人民和代表人民意愿的国家政权在中国共产党领导下进行社会主义革命、建设和改革的伟大实践；遵循一条主线，即坚持马克思主义基本原理同中国具体实际相结合，探索并形成符合中国国情的中国特色社会主义发展道路；把握一个主流，即中华人民共和国国史就是中国共产党领导中国人民，在成功进行新民主主义革命和社会主义革命的基础上，开展大规模社会主义建设、进行改革开放和社会主义现代化建设并取得伟大胜利的历史。深刻揭示了党与人民群众在创造和推动中华人民共和国史中的地位、作用与联系。

第二，《中华人民共和国史稿》主题鲜明，为学习、研究和宣传中国特色社会主义提供了一部优秀历史教材。

什么是社会主义，怎样建设社会主义，是我们党在中国革命、建设和改革的历史进程中不断探索和回答的一个带有根本性的理论与实践问题。当代中国之所以能够不断发展进步并取得伟大成就，关键在于我们党坚持实事求是的思想路线，既坚持科学社会主义的基本原则，又根据我国实际和时代特征赋予其鲜明的实践特色、理论特色、民族特色、时代特色，从而形成中国特色社会主义道路、理论体系和制度。

《中华人民共和国史稿》以新中国成立以来的前35年历史为主要研究对象，回顾和总结新中国成立、社会主义基本制度确立和探索适合国情的社会主义建设道路的历史进程，深入阐述了当代中国一切发展进步的根本政治前提与制度基础；深刻分析了中国特色社会主义基本制度的历史由来与优越性；深刻揭示了中国特色社会主义理论体系与毛泽东思想既一脉相承又与时俱进的关系，以及中国特色社会主义道路的历史必然性，向世人充分展现了马克思主义中国化发展的历史图景，展现了中国特色社会主义道路探索、形成和发展的历史画卷。

第三，《中华人民共和国史稿》彰显民族精神，为新时期进行爱国主义教育和构建社会主义核心价值体系提供了一部优秀的历史读本。

以爱国主义为核心的民族精神，是中华民族生生不息的精神纽带，是中国发展进步的精神动力，是中国共产党领导全国各族人民不断推进中国特色社会主义现代化建设事业的共同意志。它蕴涵于中华儿女共同缔造中华民族和创造中华文明的历史长河之中，特别是近代以来抵御外侮、救亡图存、振兴中华和争取国家独立、民族解放、政治民主、强国富民的艰辛探索与奋斗之中。“历史是启发爱国心的一门科学”。一部中国近代以来的历史，特别是中华人民共和国史，就是一部中华民族精神不断丰富、发展和升华的历史。

《中华人民共和国史稿》贯穿着伟大的中华民族精神。全书既体现了在新民主主义革命时期形成的井冈山精神、长征精神、延安精神和西柏坡精神等，又深刻揭示了在新中国革命、建设和改革中形成的保家卫国、勤俭建国精神，自力更生、艰苦奋斗精神，团结、友爱、互助精神，解放思想、实事求是精神和改革开放的时代精神、创新精神，以及中国各民族共同团结奋斗、共同繁荣发展和维护国家统一、反分裂斗争精神……历史留给我们的这些宝贵精神财富，激励着中国人民在党的领导下，彻底改变旧中国“一穷二白”的落后面貌，努力建设富强、民主、文明、和谐的社会主义现代化国家。这些精神财富，不仅具有深邃的历史内涵，而且在新的历史条件下被赋予新的时代内涵，凝聚为发展中国特色社会主义现代化建设事业和实现中华民族伟大复兴的强大精神动力。学习《中华人民共和国史稿》，能够使我们进一步增强民族自尊心、自信心和自豪感，进一步端正历史观、世界观和人生观，进一步增进历史使命感和责任感，自觉成为社会主义核心价值体系的建设者和实践者。

《中华人民共和国史稿》的出版，对于推进哲学社会科学创新工程具有重要的启示作用。

《中华人民共和国史稿》的编纂出版启示我们，坚持以马克思主义唯物史观为指导，树立正确的世界观和方法论，运用马克思主义立场、观点和方法分析问题、回答问题，是推动哲学社会科学创新的基本前提。自有人类文明以来，唯物史观是唯一科学的世界观，是认识世界和改造世界的先进思想武器。在哲学社会科学研究中，坚持和贯彻唯物史观的立场、观点和方法，不仅能够科学地认识历史、研究现实，而且能够科学地预见历史发展大势，并找到解决人类社会问题、推动人类社会发展进步的正确思路与对策。繁荣发展中国哲学社会科学事业，首要的任务是需要广大哲学社会科学工作者牢固地树立唯物史观，自觉抵制历史虚无主义和其他错误思潮。只有这样，哲学社会科学才能不断涌现符合中国国情、能够解决中国问题并贡献于世界的科学研究成果。

《中华人民共和国史稿》的编纂出版启示我们，马克思主义中国化的不断发展，中国特色社会主义的不断发展，改革开放和现代化建设的不断深入，为哲学社会科学研究提供着取之不尽、用之不竭的实践素材和思想养料。我们哲学社会科学工作者必须不断增强中国特色社会主义的理论自信和实践自觉，进一步将哲学社会科学融入到发展中国特色社会主义之中，深入研究和科学阐释党的创新理论，推进哲学社会科学繁荣发展。

《中华人民共和国史稿》的编纂出版还启示我们，创新是繁荣发展哲学社会科学的重要动力。创新是科学研究的灵魂。《中华人民共和国史稿》的编纂出版之所以在中华人民共和国史研究和学科建设中具有里程碑意义，一个重要的原因就在于锐意进取、开拓创新。当前，中国哲学社会科学的繁荣发展，既面临难得的历史机遇，又面临各种挑战。我们必须以极大的勇气和决心，大力推进哲学社会科学创新体系建设，在努力学习借鉴人类文明成果的基础上，用中国的理论研究和话语体系解读中国实践、中国道路，形成具有中国特色、中国风格和中国气派的哲学社会科学理论体系和学术话语体系。

（原载2012年9月26日《光明日报》）

更好地用党史国史教育全党和人民

中共中央文献研究室主任　冷　溶

在新中国成立63周年和党的十八大召开前夕，当代中国研究所编撰的多卷本《中华人民共和国史稿》（以下简称《国史稿》）出版了。出版这套书是理论界长期以来的期望，是几代学者努力的结果。这套书记录了从1949年新中国成立到1984年党的十二届三中全会召开这35年的历史，反映了我们党领导人民进行社会主义革命和建设，以及在十一届三中全会以后实行改革开放，开辟中国特色社会主义道路的伟大历程。它的出版，对于系统学习研究新中国的历史，宣传新中国的辉煌成就，总结我们党领导社会主义革命、建设、改革的经验，坚定中国特色社会主义信念，具有重要意义。

重视用党的历史来教育人民，是我们党的一个特点和优势。新时期以来，在党中央的领导下，中共中央文献研究室编辑出版了党和国家的一系列重要文献，编写了毛泽东、邓小平等老一辈革命家的年谱传记；中共中央党史研究室编写了党史一卷、二卷和《中国共产党的七十年》；现在当代中国研究所又编撰了这部《国史稿》，这样就把我们党成立以来长期奋斗的历史，以及取得的理论成果、实践成果，从不同的角度，全面、系统地反映出来了。这部《国史稿》，是党的思想理论建设的一项重要基础性成果，为深入开展党史、国史教育提供了重要教材。

读这部《国史稿》，我感到有这样几个特点：一是国史特点突出。该书内容丰富，领域宽广，不但涵盖了内政、外交、国防，涉及经济社会发展的方方面面，涉及国家建设和人民生活，而且对科技、教育、文艺、卫生、体育、民族宗教等关系国计民生的重要事业，都作了全面阐述，向人们展示了新中国发展的全貌。二是历史线索清晰。全书逻辑严谨，每一卷的引言、章节、条目和结束语的编排，都经过精心设计，条分缕析，对新中国历史发展的脉络线索反映得很清楚。三是文风清新朴实。全书用通俗易懂的语言讲述历史，文字精练、平实、流畅，用事实说话，材料取舍恰当，史料翔实而不烦琐，所作的分析和阐述准确深刻，有理有据，有说服力，可读性很强。

通过学习这套书，我有几点感受和认识。

第一，新中国成立以来党和国家走过了很不平坦的道路，一路走来很不容易。在新中国刚刚成立的时候，我们面临的国内外形势严峻复杂，能不能保住胜利果实，巩固新生的人民政权；能不能战胜严重的经济困难，迅速恢复和发展国民经济；能不能巩固民族独立，维护国家的主权和安全，这些都是重大考验。经过党和人民的努力，我们走过来了。接着，我们又开始进行社会主义改造，能不能在一个占世界人口四分之一的国家成功建立起社会主义制度，这又是一个重大考验。经过党和人民的努力，我们也走过来了。进入全面建设社会主义的十年，我们面临新的任务和考验。对于中国这样一个经济文化十分落后的东方大国来说，如何从自身的实际出发，走出一条符合中国国情的社会主义道路，是一项崭新的历史性课题。我们没有任何经验，也没有任何现成的答案。但经过艰辛探索，历经曲折，我们还是走过来了。“文化大革命”的十年，使党、国家和人民遭受新中国成立以来最严重的挫折，但我们最终经受住了挫折，仍然走过来了。十一届三中全会以后，我们深刻总结经验教训，实现了伟大的历史转折，开辟了中国特色社会主义道路，取得辉煌成就，中华民族的伟大复兴展现出光明前景。读这部《国史稿》，我们深深地感到，一定要倍加珍惜这段历史，从毛泽东、邓小平等老一辈革命家带领党和人民艰苦创业的历史实践中，吸取强大精神力量，激励我们不断奋发前进。

第二，社会主义革命和建设取得巨大成就，为我们后来的发展奠定了基础。尽管经历了曲折，但丝毫不能掩盖我们取得的伟大成就。这方面，《国史稿》讲得非常充分。在政治方面，我们党带领人民，建立和巩固了人民民主专政的国家政权，实现和巩固了国家统一，战胜了帝国主义、霸权主义的侵略、破坏和武装挑衅。在经济方面，我们逐步建立了独立的、比较完整的工业体系和国民经济体系，人民生活水平进一步提高。在文化和社会方面，教育、科学、文艺、卫生、体育事业都有很大发展。我们的国防和军队建设也得到加强，外交工作打开了局面。邓小平曾指出："我们尽管犯过一些错误，但我们还是在三十年间取得了旧中国几百年、几千年所没有取得过的进步。"读这部《国史稿》，我们深深地感到，取得这样的成就实属不易，是我们党坚强领导、全国各族人民努力奋斗的结果，彰显了社会主义制度的优越性和强大生命力。这些成就令人自豪，催人奋进。我们要继往开来，努力取得新的更大成就。

第三，中国特色社会主义是我们党长期奋斗的结果，是在继承前人基础上的创新和发展。这是胡锦涛在建党 90 周年讲话中的一个重要观点。我们通过学习党史一卷、二卷，再学习这部《国史稿》，对这一点认识得就更加深刻了。中国特色社会主义事业，是在以毛泽东为核心的党的第一代中央领导集体创立毛泽东思想，带领全党全国各族人民建立新中国、取得社会主义革命和建设伟大成就以及艰辛探索社会主义建设规律取得宝贵经验的基础上进行的。十一届三中全会以后，邓小平和我们党总结历史经验，继承前人又突破陈规，实行改革开放，开辟了中国特色社会主义道路。这部《国史稿》写到了 1984 年，对改革开放初期开辟新道路这段非常重要的历史作了反映。读这部《国史稿》，我们深深地感到，中国特色社会主义是一代代中国共产党人接续奋斗的结果，我们要倍加珍惜、始终坚持、不断发展。

我们党一贯重视党史、国史的学习，毛泽东、邓小平、江泽民、胡锦涛都有这方面的重要论述，强调要用党和国家的历史来教育全党和人民。党的十七大以来，党中央通过隆重纪念和庆祝改革开放30周年、新中国成立60周年、建党90周年，使人们进一步学习了解了党和国家的历史，更加深刻地认识到了中国特色社会主义是历史发展的必然选择，更加坚定了我们走这条道路的信念。从这里就可以看出出版这部《国史稿》的重要意义。我们建议将这套书作为学习教材，以更好地开展党史、国史教育，充分发挥它的作用。

（原载2012年10月19日《人民日报》）

共和国史的一部成功之作

中共中央党史研究室主任　欧阳淞

在全党全国各族人民喜迎党的十八大胜利召开的重要时刻，经中央批准，由中国社会科学院当代中国研究所著的《中华人民共和国史稿》（以下简称《国史稿》）正式出版了，这是国史研究工作的一件大事、喜事，是国史工作者献给党的十八大的一份厚礼。

中华人民共和国走过63年光辉历程。63年前，毛泽东同志庄严宣告中华人民共和国成立，中国人民从此站立起来了，中华民族发展进步也从此开启了新的历史纪元。中华人民共和国历史，就是在新民主主义革命胜利的基础上，中国共产党领导全国各族人民开展社会主义改造和社会主义建设、进行改革开放和社会主义现代化建设的历史，是一部艰辛而辉煌的创业史、奋斗史、胜利史。《国史稿》坚持以党中央《关于若干历史问题的决议》、《关于建国以来党的若干历史问题的决议》等文件为指导，真实记载了1949年10月新中国成立至1984年10月党的十二届三中全会召开这35年的伟大历程，热情讴歌了党和国家各项事业在此期间取得的辉煌成就，客观分析了党领导人民对建设社会主义道路的艰辛探索，系统总结了党在治国理政实践中积累的宝贵经验。可以说，《国史稿》是一部思想性、政治性、学术性、可读性都很强的成功之作，不仅具有重要的史学价值，而且具有重要的资政育人价值。认真学习中华人民共和国历史，对于帮助广大党员、干部、群众正确认识党和国家历史发展的主题和主线、主流和本质，进一步坚定跟党走中国特色社会主义道路的信念，将会起到十分重要的作用。

《国史稿》真实记载了党依靠人民为实现国家富强、人民富裕而不懈奋斗的历史。

近代以来，中国人民面临争取民族独立、人民解放和国家富强、人民富裕这两大历史任务。为实现这两大历史任务，中国共产党紧紧依靠中国人民完成和推进了“三件大事”：完成了新民主主义革命，实现了民族独立、人民解放；完成了社会主义革命，确立了社会主义基本制度；进行了改革开放新的伟大革命，开创、坚持、发展了中国特色社会主义。1949 年中华人民共和国的成立，标志着第一件大事胜利完成，第一个历史任务基本实现，同时，也标志着实现第二个历史任务的大幕开启。新中国成立后，以毛泽东同志为主要代表的中国共产党人，团结带领人民进行了不懈奋斗和艰辛探索。党不失时机地制定过渡时期总路线，建立起社会主义基本制度，实现了中国历史上最伟大、最深刻的社会变革；在一穷二白基础上建立起独立的比较完整的工业体系和国民经济体系，积累了建设社会主义的重要经验，完成了第二件大事。新民主主义革命的胜利，社会主义基本制度的建立，为当代中国一切发展进步奠定了根本政治前提和制度基础。党的十一届三中全会实现了新中国成立以来党的历史上具有深远意义的伟大转折，开启了改革开放和社会主义现代化建设新时期。以邓小平同志为主要代表的中国共产党人，团结带领人民开启和推进了第三件大事，为在中国特色社会主义道路上实现中华民族伟大复兴，奠定了坚实基础，开辟了光明前景。

《国史稿》全景式地展现了近代以来中国人民为实现两大历史任务、完成和推进“三件大事”而顽强奋斗的历史进程和辉煌成就，实事求是地指出新中国取得的成就是主要的、第一位的，是历史发展的主流。《国史稿》用饱含感情的笔墨展现了人民群众在革命、建设、改革实践中所表现出来的主体地位、奋斗业绩和精神风貌，鲜明昭示了反映社会进步主流的时代精神的深刻内涵。《国史稿》把中国的前天、昨天和今天紧密联系起来，既讲清楚了历史发展的本然，也讲清楚了历史发展的所以然，将一个伟大国家的崭新面貌和成功动因展现在人们面前。

学习宣传中华人民共和国历史，可以帮助我们进一步深刻认识中国共产党成为中国特色社会主义事业的坚强领导核心、中国人民走上社会主义道路、中国实行改革开放的历史必然性。更加坚信，只有社会主义才能救中国；只有改革开放才能发展中国、发展社会主义、发展马克思主义；只有中国共产党才能领导人民把中国特色社会主义伟大事业不断推向前进。更加坚信，充分相信群众、紧紧依靠群众，尊重群众的首创精神，是党和国家事业发展进步最具决定意义的因素；来自人民、植根人民、服务人民，是党永远立于不败之地的根本。同时，对抵制和消除历史虚无主义的影响，将进一步起到正本清源的重要作用。

《国史稿》全面反映了党领导人民探索适合中国国情的建设社会主义道路的历史。

在中国这样一个经济文化落后的东方大国进行社会主义革命、建设、改革，没有现成经验可以借鉴。党领导人民从实际出发，创造性地开辟了一条具有中国特点的社会主义改造道路。社会主义基本制度建立后，党领导人民对建设社会主义道路进行了不倦探索。在探索中，虽然发生了把阶级斗争扩大化和在经济建设上急躁冒进的错误，甚至发生了“文化大革命”这样全局性的、长时间的严重错误，但探索中积累的经验教训，为后来开创中国特色社会主义提供了理论准备和重要经验。党的十一届三中全会重新确立马克思主义的思想路线，作出把党和国家工作中心转移到经济建设上来、实行改革开放的历史性决策，为党和国家事业发展确定了正确方向。在历史转折关头，以邓小平同志为主要代表的中国共产党人，深刻总结新中国成立以来正反两方面经验，带领人民踏上改革开放和社会主义现代化建设的伟大征程，成功开辟了中国特色社会主义道路。

《国史稿》以“坚持马克思主义基本原理同中国具体实际相结合，探索并形成符合中国国情的中国特色社会主义发展道路”为主线，对新中国成立后35年间探索、开辟中国特色社会主义道路的历程和经验进行了系统总结，同时对探索中的成功与失误进行了深入探讨，并对一些规律性的认识作了理论概括。

学习宣传中华人民共和国历史，可以帮助我们进一步深刻认识探索、开辟中国特色社会主义道路的历史根源和现实依据。在不懈探索中开辟的中国特色社会主义道路，以及探索中形成的中国特色社会主义理论体系、确立的中国特色社会主义制度，是党和人民长期奋斗、创造、积累的根本成就，来之不易，必须倍加珍惜、始终坚持、不断发展。

《国史稿》生动展示了党领导人民在不断总结经验基础上推进马克思主义中国化的历史。

中华人民共和国的成立，社会主义基本制度的建立，是马克思列宁主义在中国的胜利，是马克思主义基本原理同中国实际相结合产生第一次飞跃的理论成果——毛泽东思想的胜利。这个胜利，使马克思列宁主义、毛泽东思想在中国人民中获得极高威信，并被确立为党和新生共和国的指导思想。社会主义基本制度建立后，如何科学对待、正确运用马克思列宁主义，坚持把马克思主义基本原理同中国实际相结合，推进马克思主义中国化，用发展着的马克思主义指导建设社会主义的实践，成为亟待回答的崭新课题。要回答这一课题，必然要经历一个“实践——认识——再实践——再认识”的过程。这是一个不断追求真理、修正错误，总结经验、把握规律的过程。一代又一代中国共产党人接续奋斗、艰辛探索的结果，产生了马克思主义中国化的又一次飞跃，形成和发展了中国特色社会主义理论体系。

《国史稿》突出展现了新中国发展进程中不断总结经验、推进马克思主义中国化的历程，对以毛泽东同志为主要代表的中国共产党人的艰辛探索，对中国特色社会主义理论体系的开篇之作——邓小平理论的形成和发展，都作了较为翔实的描述和阐发，并用丰富生动的实践成果有力证明了中国特色社会主义理论体系的强大生命力、创造力和感召力。

学习宣传中华人民共和国历史，可以帮助我们进一步深刻认识中国特色社会主义理论体系是全党全国各族人民团结奋斗的共同思想基础，是我国社会主义现代化建设事业不断取得胜利的强大思想武器，是指导党和人民沿着中国特色社会主义道路实现中华民族伟大复兴的唯一正确理论。在当代中国，坚持和发展中国特色社会主义理论体系，就是真正坚持和发展马克思主义。

《国史稿》集中展现了党领导人民确立、发展和完善中国特色社会主义制度的历史。

确立、发展和完善中国特色社会主义制度，是中国共产党对中华民族的历史性贡献。新中国成立伊始，确立和发展社会主义制度就成为党领导的新生人民政权的奋斗目标。1949 年 9 月，中国人民政治协商会议第一届全体会议制定《共同纲领》，确立了中国共产党领导的多党合作和政治协商制度、民族区域自治制度。1954 年 9 月，第一届全国人民代表大会第一次会议通过新中国第一部宪法，确立了人民代表大会制度。随着社会主义改造的完成，社会主义基本经济制度也建立起来。社会主义政治制度、经济制度的建立，奠定了新中国发展进步的根本制度基础。改革开放以来，波澜壮阔的创新实践不断推进社会主义制度自我完善和发展，并在经济、政治、文化、社会等各个领域形成了一整套相互衔接、相互联系的中国特色社会主义制度体系。

《国史稿》比较充分地反映了社会主义基本制度的确立，展现了社会主义经济制度、政治制度、文化制度、社会制度等各方面制度形成、发展的过程及其重要作用。

学习宣传中华人民共和国历史，可以帮助我们进一步深刻认识中国人民选择社会主义制度进而确立中国特色社会主义制度的历史必然性。中国特色社会主义制度是当代中国发展进步的根本制度保障，集中体现了中国特色社会主义的特点和优势，符合中国国情，顺应时代潮流，必须坚持、发展和完善。

《国史稿》深刻揭示了中华人民共和国历史就是坚持和发挥党的领导核心作用的历史。

回顾新中国的发展进步，可以得出一个基本结论，这就是：办好中国的事情，关键在党。中国共产党的领导，改变了中华民族的前途命运，决定了中国的发展方向。正是在中国共产党的领导下，新中国开启了实现国家富强、人民富裕的壮丽征程。社会主义革命捷报频传，社会主义建设热火朝天，中国特色社会主义航船破浪前行，一个个无可争辩的事实反复证明，中国共产党不仅是一个善于领导人民改造旧世界的党，而且是一个善于领导人民建设新国家的党。在前进的道路上尽管历经曲折，但党坚持用时代发展的要求审视自己，以改革的精神加强和完善自己，始终保持生机和活力，成为全国人民的主心骨，成为引领社会发展进步的核心力量。

《国史稿》始终把党的领导放在历史选择、人民选择的高度来认识和阐发，充分展现了中国共产党作为执政党，顺应历史发展大势和时代进步潮流，忠诚履行执政使命，不断提高领导水平和执政能力，不断推进理论创新、实践创新和制度创新，始终成为社会主义事业的领导核心的光辉历程。

学习宣传中华人民共和国历史，可以帮助我们进一步深刻认识中国共产党是一个以实现中华民族伟大复兴为己任、为实现最广大人民根本利益而不懈奋斗的党；是一个高度重视自身建设并具有巨大理论优势、政治优势、组织优势、制度优势和密切联系群众这个最大优势的党；是一个坚持真理、修正错误，经得起各种困难和风险考验的党；是中国特色社会主义事业当之无愧的坚强领导核心。坚持党的领导地位和核心作用，对于沿着中国特色社会主义道路奋勇前进，实现中华民族伟大复兴，具有重大而深远的意义。

党史工作、国史工作都是党的事业的重要组成部分。创作更多经得起历史和人民检验的党史、国史研究新成果，是我们义不容辞的重要责任。2011 年 1 月，经中央批准，由中央党史研究室编写的《中国共产党历史》第二卷（以下简称《党史》二卷）正式出版发行。《党史》二卷和这部《国史稿》，从不同角度记载了从新中国成立到进入改革开放新时期前后这一段波澜壮阔的历史。《党史》二卷着重记载党领导人民进行社会主义改造和社会主义建设、探索适合中国国情的建设社会主义道路、推进马克思主义中国化、大力加强党的自身建设并经受住各种考验而不断发展壮大的光辉历程、重大决策、伟大成就和宝贵经验，深刻揭示了党的历史发展的主题和主线、主流和本质。《国史稿》在充分体现党的历史发展的主题和主线、主流和本质基础上，侧重于党治国理政的国务活动，全面记载和反映了社会主义经济建设、政治建设、文化建设、社会建设以及国防和军队建设、外交工作、民族宗教工作等方面的重大史实及发展成就。可以说，《党史》二卷和《国史稿》共同记载了新中国发展进步的壮丽篇章，共同再现了建设中国特色社会主义的恢宏画卷。《国史稿》是继《党史》二卷之后专门反映和评价新中国历史的又一部精品力作，必将在以史鉴今、资政育人方面发挥重要作用。

长期以来，党史、国史学界相互支持、团结协作，建立了紧密联系和深厚友谊。在今后的工作中，我们将一如既往地密切合作、携手前进，共同做好党史工作和国史工作，不辜负党中央和中央领导同志的亲切关怀和殷切期望。

（原载《当代中国史研究》2012 年第 6 期）

二十年风雨写春秋

《中华人民共和国史稿》副主编　李力安

多卷本《中华人民共和国史稿》现在出版了。这是对党的十八大的一份献礼，我们的心情无比激动。

《国史稿》的撰写和修改用了20年时间。在编写过程中，我们始终坚持以马克思列宁主义、毛泽东思想、邓小平理论、“三个代表”重要思想为指导，深入贯彻落实科学发展观，始终遵循并贯彻《关于若干历史问题的决议》、《关于建国以来党的若干历史问题的决议》以及党中央和国家领导同志对于一些重大历史事件的论述，坚定地维护中华人民共和国的利益、尊严和荣誉；用历史唯物主义的立场、观点、方法，研究和揭示历史发展规律，总结历史经验教训。

《国史稿》用大量的事实讲述了1949年10月新中国成立至1984年10月党的十二届三中全会召开的历史。这35年间，党领导全国各族人民经过实践探索和艰苦奋斗，终于走上中国特色社会主义道路的伟大历程。

在正史之前有一个序卷，主要是写我们的祖国是怎样的一个文明古国，中华人民共和国是怎样建立起来的，是艰难创建、来之不易的，是先烈和前人们难以用量表示的血汗换来的。无数先烈前仆后继的脚印，铺就了新中国的诞生之路。

新中国的历程也不平坦，探索的历程是既辉煌又曲折。我们始终坚持实事求是的原则，以“两个历史决议”为准绳，以真实可靠的档案材料为依据，把这一过程中的成败得失放在探索社会主义道路的大背景下来审视衡量。明确成就是主要的、第一位的，失误是次要的、第二位的。低估、否认我们的成就和成功经验，或者忽视错误、掩盖错误，都是不允许的。成功和经验、失误和教训，只要认识和总结了，都是我们的精神财富。这是全党和全国各族人民继续前进的基础。

我们在写作上突出国史特点。重点写治国理政的国务活动，不过多阐述党的建设和党的其他活动。在谋章布局时，注意反映经济建设、文化、教育、科技、军队与国防建设、卫生、体育、民族宗教、社会风尚、气候灾害等方面的国家大事。力求做到脉络线索清晰，取舍标准统一，各部分内容大体平衡。叙述上，力求史论结合，夹叙夹议，分析评价恰如其分；结构上，力求编排周密，条理分明，逻辑缜密，精确严谨；行文上，运用正史史笔，质文兼备、注释规范。努力做到政治立场和科学性的统一、历史和逻辑的统一、叙述与归纳的统一、材料与结论的统一，力争达到“国家水平，权威版本”的要求。

《国史稿》的撰写、修改和出版，得到党中央的高度重视。在撰写和修改过程中，中央领导同志给予了大力支持和精心指导。邓力群同志以耄耋之年，主持了这项事业。当代中国研究所全体干部职工都担负了编写辅助和服务工作，大批所外的专家学者参与了书稿的编写和审读工作。在撰写的第一阶段，是在当代所内部起草讨论。写成初稿后，征求所外一些专家学者的意见。2009—2011 年，中共中央办公厅和中共中央宣传部根据中央领导同志指示精神，组织、协调中央和国家 30 个部委两次审读《国史稿（送审稿）》。2012 年又组织 18 个部委，第三次审读《国史稿（送审稿）》。参加审读的同志们以严谨求实的科学精神，对书稿的观点、结构、史实、文字提出很多重要的修改意见和补充建议，使我们获益匪浅。

国家统计局还审核了《国史稿（送审稿）》的大部分数据。特别是中共中央文献研究室和中共中央党史研究室的研究成果对我们帮助很大。《国史稿》编委会对各方意见认真研究吸收。统稿小组分别会同各卷主编，又进行了最后的全面审改。在大家共同努力下，使《国史稿》成为一部政治性、学术性、科学性都较强的力作。我们认为，这部《国史稿》也可以说是所内外几百人集体编写的。

二十年风雨写春秋。《国史稿》的撰写者特别是后期改稿的同志们，将为国家写史、为共和国立传当作一项神圣的事业，能亲身参加这一事业是光荣的、幸运的。

我们党和国家历来高度重视自己的历史，注意从历史中汲取开拓前进的智慧和力量，这是我们党独有的优良传统和政治优势。实践证明，后人总是要从前人那里获得历史智慧，不断有所创新、有所前进。学习《国史稿》，有助于人们深化对基本国情的认识，深化对共产党执政规律、社会主义建设规律和人类社会发展规律的认识，为我们推动科学发展提供历史借鉴，为巩固全党全国各族人民团结奋斗的共同思想基础提供精神动力。

由于我们的学识水平有限，《国史稿》的疏漏和欠妥之处在所难免，殷切期望同志们和广大读者不吝赐教，使不断修订后的《国史稿》成为无愧于时代的传世之作。最后还要说明一点，目前出版的《国史稿》只记录了共和国前35年的历史，今后还要续写新的篇章。当代中国研究所承载的任务还很重。我们相信，他们会把续篇写得更好。

（原载2012年9月28日《光明日报》）

弘扬优良学风
努力开创国史研究新局面

中国社会科学院副院长
当代中国研究所所长　李　捷

在举国上下迎接党的十八大胜利召开的前夕，历时二十载、凝聚着老一辈理论工作者和国史工作者心血的《中华人民共和国史稿》终于出版了。这是国史研究的一项基本建设，功在当代，利在千秋。

翻看这部厚重的史书，不由得对老一辈国史工作者的精神境界和优良学风心怀深深的敬意。

第一，我们要学习和弘扬他们为党、为国家、为人民著史立言，秉笔为公的精神。

中华人民共和国史研究，事关党和国家前途命运，事关人民根本利益，切不可当作一般学术问题来对待。在国史研究中，始终有个根本立场问题。是否站在党和国家的立场上，是否站在人民根本利益的立场上，秉公修史，得出的结论会很不一样。如果站在正确的立场上来修史，就会在错综复杂的历史现象中，分清什么是主流与支流，什么是本质与现象，什么是必然与偶然。反之，如果站在错误的立场上，就会攻其一点不及其余，将支流说成是主流，将错误无限放大，颠倒是非，混淆黑白，从而根本否定党和国家的历史。

在这个根本问题上，老一辈国史工作者为我们树立了榜样。他们牢记自己肩负的使命，严格遵循“两个历史决议”和中央有关文件精神，始终坚持维护人民共和国尊严和荣誉的原则，充分发挥国史“存史、资政、育人、护国”的作用。他们不断从马克思主义中国化的发展中获得思想理论指导，从中国特色社会主义的伟大实践中汲取智慧和力量，也从中共党史研究、哲学社会科学特别是中华人民共和国史研究的繁荣发展中借鉴研究成果与方法。在他们二十年如一日的不懈努力下，这部国史成为进行爱国主义教育的好教材。

第二，我们要学习和弘扬他们坚持历史唯物主义，实事求是、追求真理、探求真理的精神。

中华人民共和国史研究，是一项严肃的事业，必须有科学的理论作指导。这个理论，就是马克思列宁主义、毛泽东思想和中国特色社会主义理论体系，就是历史唯物主义。历史现象错综复杂。现象与本质，偶然与必然，动机与效果，过程与阶段等等，相互交织在一起。评价历史的人，从不同的理论出发，可以得出完全不同的结论。只有坚持马克思主义的历史唯物主义，才能在国史研究中划清同历史虚无主义等错误思潮的界限，科学评价历史人物和历史事件，认清历史发展规律，深刻而又令人信服地阐明中国特色社会主义道路、理论体系、制度建立和发展的必然性和规律性。

在这个问题上，老一辈国史工作者同样为我们树立了榜样。他们始终自觉坚持用历史唯物主义指导研究，在收集积累大量翔实的历史资料的基础上，对中国共产党领导中国人民进行中国革命、建设、改革的历程做了全面系统的阐述，对这一过程中的历史人物和历史事件做了科学准确的分析，对人民群众在建设社会主义新国家、新社会伟大实践中的主体地位和主体作用，特别是在改革开放中的创造实践，给予了充分地反映。

科学研究工作又是一项永无止境的认识和改造世界的事业，需要坚强意志、不断奋斗和艰辛努力。马克思说：“在科学上没有平坦的大道，只有不畏劳苦沿着陡峭山路攀登的人，才有希望达到光辉的顶点。”国史的编纂，十分复杂而艰巨。既要自觉坚持以唯物史观为指导，又要自觉抵制唯心主义和历史虚无主义的各种干扰；既要充分反映新中国建设和改革取得的辉煌成就，又要实事求是地反映探索中遭遇的曲折和挫折；既要充分发挥当代人写当代史的特长，又要克服当代人写当代史的局限。在老一辈国史工作者的不懈努力下，使这部国史成为进行树立正确历史观教育的好教材。

第三，我们要学习和弘扬他们善于运用科学分析的方法，正确对待党在前进道路上经历的失误和曲折的实事求是精神。

新中国成立以来的历史，从某种意义上说，就是一部社会主义在中国的探索史、建设史、发展史，也是中国特色社会主义的探索史、建设史、发展史。既然是探索，既然是前无古人的事业，就不可能没有曲折，不可能不犯错误。在这段历史中，伟大的马克思列宁主义者、共和国的开创者、我们党的领袖毛泽东同志在其晚年也犯了严重错误。在这之后，是邓小平同志带领全党全国人民一面大胆拨乱反正，重新恢复毛泽东思想的本来面目，一面坚持和发展毛泽东思想，将失误的教训转化成为宝贵的财富，开创出中国特色社会主义道路。对于这样一个曲折发展的历史，显然是不能用形而上学或主观主义的方法来随意全盘肯定或全盘否定的，必须用科学分析方法和唯物辩证法的两点论进行实事求是的、科学全面的分析。在一定意义上说，这是国史成败的关键。

老一辈国史工作者在这个问题上也为我们树立了榜样。他们始终坚持科学分析方法，坚持对具体问题做具体分析，坚持实事求是地对人对事。既不回避错误、掩盖错误，又不因此而忽视或否认取得的巨大成就，忽视或否认取得这些成就的成功经验。并且令人信服地阐明，在新中国的历史上，毛泽东同志等老一代无产阶级革命家对社会主义道路的探索同邓小平等老一代无产阶级革命家开创中国特色社会主义道路，是前后接续的。新民主主义革命的胜利，社会主义基本制度的建立，为当代中国一切发展进步奠定了根本政治前提和制度基础。在他们的不懈努力下，使这部国史成为进行中国特色社会主义共同信念教育的好教材。

第四，我们要学习和弘扬他们求真务实、不尚空谈，严谨细致、精益求精，心无旁骛、锲而不舍的精神。

这部篇幅长达140余万字、历时二十载的国史，气势恢宏而又朴实无华，鸿篇巨制而又细致入微，立意高远而又不失详备，纵横交错而又不失缜密。要做到这一点，没有始终如一的追求和决心，没有长期养成的优良学风，是不可想象的。老一辈国史工作者在编撰出一部高质量高水准的国史著作的同时，也在治学精神上为我们树立了榜样。

我们要学习他们严谨细致、一丝不苟的治学精神。他们认真地拟定每一个标题，撰写每一个段落，推敲每一句话，核实每一个注释、引文和数据，严肃认真，高度负责。目的就是为党和国家、为子孙后代留下一部信史。

我们要学习他们尽善尽美、精益求精的治学追求。在撰写国史的过程中，他们不厌其烦地反复修改。不仅如此，他们非常重视多方征求意见，对于提出的意见，都逐条加以研究讨论，认真吸收。正是这种务求完美的学术追求，使这部国史稿每修改一次都提升到一个新水平。

我们要学习他们尊重史实、求真务实的科学态度。国史资料浩如烟海，内容广泛。他们在认真收集资料的基础上，对各种史料进行去粗取精、去伪存真的梳理考证，用实事求是的精神对待史料。高度尊重史实，有一说一，有二说二，用靠得住的史料和史实说话，用经得起实践检验的历史来澄清是非曲直，来教育人民。

我们要学习他们脚踏实地、心无旁骛的治学作风。要写出一部权威的国史专著，不可能一蹴而就，而需要一点一滴、持之以恒的积累和奋斗。老一辈国史工作者二十年如一日，不图名，不为利。

他们真正是在用共和国艰苦奋斗的精神来写共和国史，这在当今的时代尤其难能可贵。如今，构建具有中国特色、中国风格、中国气派的哲学社会科学话语体系的任务，历史地落在我们身上。要想成就这一番伟业，就必须呼唤和弘扬这种精神。

第五，我们要学习和弘扬他们为党的国史研究事业无私奉献的精神。

传世之作要有崇高的精神与追求作支撑。是什么精神和追求支撑着老一辈国史工作者锲而不舍来成就这部国史巨著呢？这就是为党的国史研究事业无私奉献的精神和追求。

为新中国走过的道路、形成的经验、创立的理论、确立的制度写史，将新中国经历的发展历程和成就的伟业郑重地载入史册，将那些为新中国的发展作出过杰出贡献的人物郑重地载入史册，让历史和后人永远铭记新中国的历史，把它化为教育后人、激励后人的宝贵财富，这本身就是崇高的事业，值得为之奉献终生！

新中国的历史与现实紧密联系，不可分割。因此，将研究历史、记录历史同跟踪现实、记录现实紧密起来，及时跟踪、真实记录和全面反映当代中国改革开放的实践进程，及时跟踪、真实记录和全面反映中国特色社会主义道路、理论体系、制度的形成发展进程，及时跟踪、真实记录和全面反映党和国家重大决策形成完善和实施推进的进程，也是国史工作者神圣的使命。

我们要继承和弘扬老一辈国史工作者的崇高精神风范和优秀品德作风，紧密团结在以胡锦涛同志为总书记的党中央周围，为以优异成绩迎接党的十八大胜利召开，将中国特色社会主义推向前进而继续努力奋斗！

（原载 2012 年 9 月 25 日《光明日报》）

贯通改革开放前后两个时期
一部权威的新中国史

中国社会科学院副院长
当代中国研究所所长　李　捷

用什么样的立场和观点来解读中国共产党领导中国人民进行社会主义建设和改革的历史，解读这两大历史阶段的联系与区别，始终是这一时期中共党史研究和中华人民共和国历史研究的重大问题。

最近，习近平同志指出：我们党领导人民进行社会主义建设，有改革开放前和改革开放后两个历史时期，这是两个相互联系又有重大区别的时期，但本质上都是我们党领导人民进行社会主义建设的实践探索。虽然这两个历史时期在进行社会主义建设的思想指导、方针政策、实际工作上有很大差别，但两者绝不是彼此割裂的，更不是根本对立的。他特别强调：要坚持实事求是的思想路线，分清主流和支流，坚持真理，修正错误，发扬经验，吸取教训，在这个基础上把党和人民事业继续推向前进。

前不久经中央批准、由人民出版社和当代中国出版社联合出版的多卷本《中华人民共和国史稿》，体现的正是这样的指导思想。编著这部长达 150 万字的权威国史专著，历时二十载，凝聚着几代国史工作者的不懈努力。它有这样几个特点：

第一，突出体现了国史的主题和主线。中华人民共和国的历史，是中国共产党领导全国各族人民进行革命、建设和改革的历史，是迄今为止中国历史上最辉煌最壮丽的篇章。中国人民通过艰苦卓绝、感天动地的不懈奋斗，取得了举世瞩目的巨大成就，创造出一个又一个中国奇迹。在中国共产党的领导下，我国相继实现了从半殖民地半封建社会到民族独立、人民当家做主新社会的历史性转变，从新民主主义革命到社会主义革命和建设的历史性转变，确立社会主义根本制度，实现了中国历史上最广泛最深刻的社会变革。通过大规模工业化和现代化建设，我国逐步建立起独立的比较完整的工业体系和国民经济体系，摆脱了“一穷二白”的落后面貌。结束“文化大革命”十年动乱后，我们党重新恢复和确立马克思主义的思想路线、政治路线和组织路线，决策实行改革开放，实现从高度集中的计划经济体制到充满活力的社会主义市场经济体制、从封闭半封闭到全方位开放的历史性转变，极大地解放和发展了社会生产力，综合国力大幅跃升，人民生活明显改善，国际地位显著提高，中华民族巍然屹立于世界民族之林。这部国史稿深刻地反映和揭示了新中国历史的主题与主线、主流与本质，充分展示出中国革命、建设和改革所取得的伟大历史成就，充分展示出三大历史性变化给中国社会、中国人民和中华民族带来的崭新面貌，充分展示出中国对人类社会文明进步、对世界和平发展所作的巨大贡献。

第二，突出体现了新中国发展历程中取得的成就，积累的经验，取得的理论成果。最大的成就，就是在“一穷二白”的基础上建立起独立的比较完整的工业体系和国民经济体系，并以此为基础通过推进改革开放，使国家综合国力得到极大提高，人民生活水平有了历史性的跨越。积累的最为宝贵的经验和取得的最重要的理论成果，就是在坚持和发展毛泽东思想的基础上，形成中国特色社会主义道路、理论体系和制度。通过作者的阐述，读者会对中国特色社会主义道路、理论体系、制度的来之不易留下深刻的印象，从而更加深切地领悟必须倍加珍惜、始终坚持、不断发展的道理。与此同时，新中国前30年的历程，是在艰辛探索中走过的。这部史稿在充分展示成就的同时，做到了不回避曲折和错误，不仅实事求是地写出了犯错误的过程，还深入地分析了犯错误的历史背景和原因，并且写出了中国共产党自己纠正错误的历史过程，力求做到知其然还要知其所以然。

第三，角度新颖，资料翔实，论从史出，具有鲜明的国史特色。一部中华人民共和国的历史，就是中国共产党的执政史，也是党领导中国各族人民建设新社会、新国家的历史。从这个意义上说，中国共产党史与新中国的历史是密不可分的。但是，两者又各有侧重。国史稿很好地处理了两者的关系，重点写在党的领导下国家治国理政的国务活动，不过多反映党的建设和党的其他活动。既突出了中国共产党的执政历程、探索历程和重大决策历程，又用更多的笔墨全面体现新中国的建设历程，既有经济建设，也有政治建设、文化建设、社会建设，还以一定篇幅反映了外交、国防、统一战线、民族宗教、气候灾害等方面的国家大事。

第四，专门设有序卷，从中华民族发展的历史长河，揭示中华人民共和国的历史地位及其历史必然性。这也是《中华人民共和国史稿》的一个特色。全书分为序卷和第一至第四卷。序卷首先以两章的篇幅概述了中华民族的发展史和近代以来的屈辱史，随后着重叙述了中国共产党自1921年成立以来领导中国人民进行新民主主义革命，建立社会主义新中国的奋斗历史。这样做，能够使读者更加深切地感受到新中国诞生在实现“中国梦”历程中的划时代意义，更加深切地感受到当代中国同历史上的中国的密切联系。在这样的基础上再来展示新中国的发展历程，就有了与以往不同的历史厚重感。

需要说明的是，这部《中华人民共和国史稿》暂时写到1984年党的十二届三中全会通过第一个关于经济体制改革的决定为止。以后的各卷，有待于国史工作者的接续努力。读了这部厚重的国史著作，更可以深切地体会到，历史、现实、未来是相通的。我们既不能割裂历史，更不能否定历史。否定了自己的历史，就意味着失去了美好的未来。

（原载 2013 年 1 月 29 日《人民日报》）

加强国史研究和宣传，为走中国特色社会主义道路提供历史依据和借鉴

中国社会科学院原副院长
当代中国研究所原所长　朱佳木

由当代中国研究所著的《中华人民共和国史稿》的出版，是中华人民共和国史学界，也是中国现代史和中国当代史学界的一件大事和喜事。它的出版发行，对于我们进一步正确认识国史、大力宣传国史、深入研究国史，都具有十分重要的意义。

正确对待和阐述革命与国史的关系，是《国史稿》的一个突出特点。《国史稿》一共五卷，却专门拿出很大篇幅，设立了一部序卷，用以概述中国作为一个文明古国的悠久历史和灿烂文化，以及近代以来中国人民为反抗封建腐朽统治和帝国主义野蛮侵略而进行的不屈不挠的斗争，特别是中国共产党自1921年成立以来领导人民进行新民主主义革命，推翻“三座大山”、建立新中国的伟大历程。它清楚地告诉人们，中华人民共和国是革命的胜利成果，是无数先烈用鲜血和生命换来的。另外，《国史稿》还在正卷叙述了新中国成立后是如何继续完成民主革命的遗留任务，巩固新生人民政权，稳定社会秩序，实现祖国大陆基本统一，没收官僚资本，废除外国在华经济特权和工商企业内部的封建把头制度，彻底消灭封建土地剥削制度，树立新型社会风尚，从而用短短四年时间收拾了旧

中国的烂摊子，使一个真正属于人民的共和国屹立于世界东方的；又是如何根据形势的发展变化，适时改变原定用“相当长久”时间实行新民主主义政策的打算，提前向社会主义过渡，并通过“一化三改”和四个五年计划的建设，建立起独立完整的工业体系和国民经济体系的。对于新中国成立初期思想文化领域的几场运动和斗争，《国史稿》一方面指出其中存在的斗争方法简单、有的把学术和思想问题同政治问题相混淆的偏差，另一方面充分肯定了它们对于清除资产阶级唯心主义影响、树立马克思主义在意识形态领域指导地位的重要作用。所有这些论述，完全符合唯物史观和新中国历史的实际，充分说明中华人民共和国是建立在新民主主义革命和社会主义革命基础之上的。可以说，没有革命，没有革命前辈的英勇奋斗、流血牺牲，就没有中华人民共和国。尽管现在已经结束了一个阶级推翻另一个阶级的革命，但革命在历史上的进步作用和革命前辈建立的丰功伟绩必须得到肯定、尊重和歌颂，革命的精神必须得到继承和发扬。而且，从扫除发展生产力障碍的意义说，改革也是一场革命。我们要抵制“告别革命”、“重写近代史和现代史”等历史虚无主义思潮所产生的恶劣影响，绝不允许否定革命、诋毁革命的错误言论畅行无阻。否则，不仅国史会成为无源之水、无本之木，最终新中国也会站不住脚。

《国史稿》的另一大特点，是正确对待和阐述改革开放前后两个历史时期的关系。《国史稿》的正卷起自1949年新中国的成立，止于1984年以城市为重点的经济体制改革的全面启动。因此，在这部书中，除了改革开放前的29年，还有改革开放后的6年。如何正确撰写这两个既相互联系又相互区别的时期，关系到如何正确评价国史，也关系到如何正确认识中国特色社会主义道路。《国史稿》一方面充分肯定了新中国头29年我们党领导各族人民在政治、经济、文化、国防、外交等各条战线取得的伟大成就和在探索社会主义建设规律过程中取得的宝贵经验；另一方面实事求是地指出了那个时期走过的弯路、犯过的错误、遭受的损失、得到的教训；一方面深刻阐明了改革开放对于开创社会主义现代化建设新局面、推进马克思主义中国化第二次飞跃的重要意义，另一方面旗帜鲜明地指出改革开放是对新中国成立后社会主义建设伟大事业的继承和发展。它清楚地告诉人们，改革开放前后两个历史时期既不是相互割裂的，更不是相互对立的，而是辩证统一的整体，本质上都是中国社会主义的发展阶段；前一阶段是后一阶段的基础，后一阶段是前一阶段的接续发展；后一阶段开创了中国特色社会主义道路，前一阶段为中国特色社会主义道路的开创提供了前提条件。这样认识和阐述国史，既维护了中华人民共和国的荣誉和尊严，给广大干部群众特别是青少年以正确的国史教育，又有利于正确总结经验，做到了以史为鉴。我们要牢牢把握国史的主题和主线、主流和本质，绝不能让苏联由于全盘否定自己历史而导致亡党亡国的悲剧在我们国家重演。

注意国史和党史的区别，是《国史稿》的又一个特点。中国共产党是中华人民共和国的核心领导力量，党的理论、路线、方针、政策、重大决定等等，必然对共和国的建设事业和社会生活起决定性的作用。从这个意义上说，党的历史是国史的核心内容，新中国成立后的党史走向决定着国史的走向。因此，国史的撰写与新中国成立后的党史在内容上难免有交叉和重合的地方。但是，党史撰写的对象主要是党，而国史撰写的对象则是整个国家。这就决定了国史撰写的角度、范围、重点，与党史会有也应当有很大不同。否则，国史就失去了存在的必要和价值。《国史稿》在撰写过程中，注意突出国史的特点，对党的会议和活动，凡没有在国家生活中产生重大影响的，能略则略；而对国家政权机关的活动和举措，以及国民经济、文化教育、科学技术、国防外交等，则尽可能多写详写。例如，同是写新中国的成立，由中央党史研究室编著的《中国共产党历史》第二卷在目一级标题中只出现了政协会议的召开、《共同纲领》的制定和人民政府的组制；而《国史稿》的目录中除了这些之外，还专设了“开国大典”一目。再如，对于一届全国人大一次会议的召开和《宪法》的制定，《党史》只把它们作为一节，其中《宪法》的制定只是一个目；而《国史稿》却把它们作为一章，其中《宪法》的制定则设为一个节，下面还分设了"《宪法》的诞生"和"《宪法》的特点"两个目。再如，对于党的八大，《党史》用了一章，而《国史稿》则把它作为"探索适合中国国情的社会主义建设道路"这一章中的一个小节。这些都说明，为了在撰写上与党史相区别，《国史稿》从章节设置上是下了很大功夫的。我们要继续加强国史研究和党史研究这两门不同学科的建设，深入探索国史与党史撰写各自的规律，不断提高国史研究和党史研究的科学化水平，从而使国史书更加突出国史的特点。

古人说："灭人之国，必先去其史。"反过来，我们要卫己之国，也必先护其史。我们要以《国史稿》的出版为契机，进一步推动唯物史观指导下的国史研究，大力普及国史知识和国史教育，把正确认识和解释国史纳入建设社会主义核心价值体系的工作，融入国民教育和精神文明建设的全过程，为树立以爱国主义为核心的民族精神和以改革开放为核心的时代精神，增强全国各族人民建设中国特色社会主义的决心和信心，提供更多更好的历史教材。

（原载 2012 年 10 月 25 日《光明日报》）

研究编写《中华人民共和国史稿》的立场、观点、方法

《中华人民共和国史稿》副主编　李力安

一、中国有治史的优良传统

从司马迁编写《史记》开始有了国史，我们继承了这个治史的优良传统。但是，中华人民共和国史不只是从二十四史加上清史和民国史排序下来的第二十七史，它是中国共产党代表中国工人阶级执政的，中国特色社会主义新中国的第一史。过去写的二十四史一直到明朝的历史都是封建社会的，甚至更早的还是奴隶社会的。到了清朝后期是半殖民地半封建国家，就是到了中华民国也还是半殖民地半封建国家。我们是社会主义的新中国，这是跟过去的历史不同的。我们虽然继承了过去治史的传统，但编史的思想、立场和世界观是完全不同的。

二、编写国史要有坚定明确的立场和观点

我们的新中国是中国共产党继承鸦片战争以来仁人志士救亡图存、振兴中华的愿望，数以千万计英雄烈士的鲜血英勇奋斗了28年建立起来的，不是开一个政治协商会议就能建立起来的。因为我

们的国家，是广大人民在中国共产党领导下，以马克思列宁主义、毛泽东思想为指导建立起来的，所以我们必须有坚定的马克思主义、共产主义信仰，有热烈的爱国主义思想，有对中国特色社会主义必胜的信念。写这个国史，不仅是要存史、资政、育人，而且要护国。如果这个历史写不好，我们社会主义的新中国就有可能被人污蔑、丑化。因此必须要站在工人阶级立场上，代表全国人民的根本利益，才能写好新中国的历史，否则就会歪曲甚至否定新中国的真实历史。

三、《国史稿》分卷写是考虑我们是当代人治当代史

历史就是过去的事情，昨天的事就成为历史，是不可能改变的。过去的二十四史大部分都是后朝编写前朝的历史，但是我们是当代人治当代史。历史上当代人治当代史非常困难，司马迁写的是他所处朝代的当代史，但由于写出来的历史不符合统治阶级的利益，他因此受到了宫刑。但是，我们的立场是人民的立场，我们的党、我们的政府是人民的代表，所以，我们没有这个顾虑。有许多工程和任务还正在进行，没有完成；一切重大事情还要经过实践检验，一件历史事件的发生，它好在哪里？错在哪里？还要经过实践的检验。历史事件还要经过时间沉淀，才能真正认识，因此不能把昨天的事立即写到国史上去，只能写已经成熟的，我们认识清楚的，所以我们分卷写。比如说，过去毛泽东同志曾经在“大跃进”中讲过“人民公社好”，于是全国都建立了人民公社。但经过二十多年的实践检验后，发现人民公社这种形式不好，政社合一，全国一致，平均主义，不利于发展生产，不利于人民的利益，所以后来改变了人民公社这种形式，政权是政权，生产是生产。又比如毛泽东在“文化大革命”初提出过“革命委员会”好，此后从省到基层一直到生产队，从党政机关一直到各个部门、学校、企业全部都是革命委员会。到粉碎“四

人帮”后，经过十几年实践的检验，证明革命委员会这种形式不好，不能采取这种形式，该是部就是部，该是党委就是党委，该是企业就是企业，该是学校就是学校，各个政权的部委及群众团体里面设党组。所以没有经过时间沉淀，没有经过实践检验，就把毛泽东说的“人民公社好”、“革命委员会好”等内容写到国史里面去，这个国史就站不住脚，还得被改写。我们分卷写就是把已经成熟的先写进国史。我们党的历史也是这样写的。现在出版的党史还是叫第一卷的上册、下册，第二卷的上册、下册，当然以后肯定还有第三卷，要继续写下去。中国共产党万岁，中华人民共和国万岁。我们要一卷一卷地写下去，直至共产主义实现，党和国家作为历史阶段的产物自然消亡。

四、研究编撰国史要坚持科学的历史观

我们研究编撰国史是坚持唯物论的，是客观的实事求是的。一切事情与事件的叙述评论都有可靠的材料，而且论从史出。不是靠我们少数人的脑子来主观判定对错，而是客观的。既不夸大我们的成绩，也不隐晦我们的缺点、失误或者错误。但是国史不是堆砌史料，更不是“豆腐账”。认为把所有材料都详细地记录下来，只要是曾经发生过的，就都记录上，这就是国史，不是这样的，这只能是史料。因此国史记述评论时，有主要的一方面，有不主要的一方面；一些历史事件和活动或者推动或者阻碍社会进步，或者有利或者损害广大人民利益；对于历史要分清什么是主流的一方面，什么是支流的一方面。写具体材料或评论某个事情时，应宜粗则粗，宜细则细，不能什么都写。写成绩不是为了夸耀我们自己有功劳，而是为了让读者领会我们取得成就的经验，让后来者接受这个经验，并结合新时期的实际情况，在继承前人的基础上把工作搞得更好；写缺点错误是为了让后人接受所犯错误给国家和人民造成了损失的教训，今后不要重复。这就是

常说的“资政育人”，让各级领导参考我们的经验教训。这就是科学的客观的实事求是的历史观。

五、《国史稿》是在中央领导关怀支持下集体劳动的成果

20 年来，这套五卷本的《国史稿》一直是在中央领导的关怀和支持下，由原中央党史领导小组副组长邓力群同志主持的，当代所全体同志（包括正式出版前调入的新同志和调出的老同志）参与了这项工作。还有我们邀请参加讨论和提意见的所外几十位专家学者；还有被聘请参与统稿的北京大学的梁柱同志、中国人民大学的周新城同志；特别要提到的是按中央决定审读了两次的中央 30 个部委及第三次审读的 18 个部委和统计局的同志。最后由中央批准，当代中国研究所编著，人民出版社和当代中国出版社出版。现在已经出版的中华人民共和国史，无论是在国内出版的，还是在国外出版的，真正用这么长的时间，看了这么多的档案材料，吸收了学术界许多新的研究成果，有这么多的人参加讨论审读，最后由党中央批准出版，这是唯一的一部。假如没有党中央的关怀和支持，要我们当代所自己请 30 个部委审读，根本做不到，想都不敢想。中央对《国史稿》十分重视，所以这部权威的《国史稿》是在中央领导的关怀和支持下，数以百计的人集体劳动的成果。

六、存在的一些不足

我们采取并坚持集思广益、开放的思想和方法来编撰国史，是非常正确的。但是，我个人觉得还有一些不足之处，看中央机关的材料相对比较多，但收集研究地方的材料少一些；用档案材料是好的，但同各地方、各方面做实际工作的同志座谈少一些；写中央的

会议、决定、指导思想较充分，但是写这些会议、决定、指导思想的贯彻实践情况少一些。存在这些不足的主要原因还是群众观点、深入基层以及从实际出发的思想、作风不够牢固，没有贯彻到实际工作中去。我是当代中国研究所所长，应承担主要责任，今后应加强基层调查工作。

值得欣慰的是，我们在研究和编撰《国史稿》的过程中也锻炼培养了不少干部，希望以后能加强这方面的工作，既出成果，也出人才。

对《中华人民共和国史稿》涉及的几个问题的进一步思考

《中华人民共和国史稿》副主编　有　林

《国史稿》经中央批准出版发行后，中央文献研究室主任冷溶同志，中央党史研究室主任欧阳淞同志，中国社会科学院常务副院长王伟光同志，中国社会科学院副院长、当代中国研究所所长李捷同志，原中顾委秘书长、当代中国研究所原所长李力安同志，中国社会科学院原副院长、当代中国研究所原所长朱佳木同志，撰文对《国史稿》作了评介。我读后深受鼓舞和启发。时隔不久，党的十八大胜利召开。结合学习十八大文件，重看了《国史稿》，有了一些新的想法。现就想得比较多的问题提出来和大家商讨。这些问题，在我们的书中均按写史的规格体现了，因此，我的发言也可以说是对凝结着所内外众多人的心血和智慧的《国史稿》重新学习的体会。

一、增强民族自信心和自豪感

毛泽东同志在人民政协会议庄严宣告："占人类总数四分之一的中国人从此站立起来了。"当时从广播中听到，在报纸上看到，欢乐之情很难用文字形容。以后也学习过，心情同样，但都没有像这次参加国史编研体会那么深。结合国史编研再体会这句话，感到它寓意特别厚重。

我出生在东北松花江边，当过14年亡国奴，深知亡国之痛，深怀亡国之恨。那时，日本鬼子根本不把中国人当人看。

东北确实像歌中所唱的，“那里有森林煤矿，还有那满山遍野的大豆高粱”。而这些，都成了日本侵略者掠夺的对象。钢、铁、煤全被日本所控制，大量地往日本运。我家常住农村，那里土质肥沃，很少有荒年，但就是这样也经常有大量农民挨饿。最主要的原因是日本鬼子逼交“出荷粮”，逼交得连口粮都不给留。到了1940年实行配给制，城乡人民粮油及生活必需品，包括食盐、煤油、火柴、砂糖、棉花、布匹等，都实行配给。私食大米、白面按“经济犯”治罪。配给粗粮每月城镇大人18斤，农村13斤，小孩一律10斤。

日本鬼子还实行鸦片专卖，继续用鸦片毒害中国人。

中国人最怕的是抓劳工。大量抓劳工是1942年以后，劳工受到非人待遇，多以豆粕子掺橡子面充食儿，累、冻、病死者不计其数，尤其恶毒的是，日本人对修筑机密军事工程的劳工，完工后全部杀害。

大家都知道日本侵略者建立在哈尔滨市郊“731部队”细菌工厂的罪行，其实还有抽血、活体实验等杀人工厂。其罪恶行径令人发指。

日本侵略者战败投降，人心大快。

但在美国统治集团卵翼下的日本军国主义势力，正在复活，企图重建“大东亚共荣圈”。其当权的代表人物攻击我们进行爱国主义教育就是反对日本。他们的叫嚣和蠢动再一次表明，他们怕的是中国人的觉醒，怕的是中国人民爱国主义的增强。从这里我们也看到党的十八大报告重申开展爱国主义、集体主义、社会主义教育，是完全正确的。

爱国主义是中华民族的优良传统。列宁说：“爱国主义是由于千百年来各自的祖国彼此隔离而形成的一种极其深厚的感情。”这种感情是对自己生长的土地、家园和同胞的眷恋，是对祖国历史、文化传统和土地的高度认同，是对国家、民族和前途永不消减的责任心。中国人民对历史上的民族英雄从来是抱着崇敬的心情的，尽管他们有历史的和阶级的局限，并不妨碍对他们的崇敬。

爱国主义在抗日战争中大为发扬。特别是共产党领导的抗日武装力量由小到大，由弱到强，成为抗日战争中的中流砥柱。他们在世界反法西斯的东方战场上，以艰苦持久的对日作战，抗击和牵制了日本陆军总兵力的2/3，迫使日军放弃北上进攻苏联的计划，削弱了日军南下太平洋的实力，为世界反法西斯战争的胜利建立了卓越功勋，为埋葬日本帝国主义作出了决定性的贡献。这是中国人民的荣耀。

新中国建立后不久，美帝国主义胁迫15个国家打着联合国军的旗号，发动了侵朝战争，企图霸占朝鲜，威胁新中国。中国人民在以毛泽东同志为领袖的中国共产党的领导下，以劣势装备，打败了除原子弹以外几乎把全部新式武器都用上的美帝国主义。这场战争的胜利消除了一些人存在的亲美、恐美、崇美思想，极大地增强了中国人民的民族自尊心和自豪感。正像彭德怀同志所说："它雄辩地证明：西方侵略者几百年来只要在东方一个海岸上架起几尊大炮就可霸占一个国家的时代是一去不复返了，今天的任何帝国主义的侵略都是可以依靠人民的力量击败的。它也雄辩地证明：一个觉醒了的、敢于为祖国光荣、独立和安全而奋起战斗的民族是不可战胜的。"这对正在为争取和维护民族独立和国家主权而斗争的亚洲、非洲、拉丁美洲的各国人民，无疑是个很大的鼓舞。同时也提高了我国的国际地位，使中国人民不仅站起来，而且站稳了。

推翻国民党反动派的统治，建立起人民当家的新中国，是一件非常了不起的重大变化。《国史稿》根据《关于建国以来党的若干历史问题的决议》（以下简称《历史决议》）精神，把新中国成立的伟大意义概括为四条，其中第一条就是"使帝国主义列强侵略压迫中国、欺凌奴役中国人民的苦难历史从此结束，中华民族一洗百年来承受的屈辱，开始以崭新的姿态自立于世界民族之林。”

近些年来，历史虚无主义思潮泛起，而“虚无”的重点则是新中国成立后的前30年。鼓吹这种思潮的人，把这30年说得一无是处。五卷本《国史稿》除序卷外，有三卷是写前30年的。《国史稿》依据《历史决议》所提供的可信度很强的综合性资料和其他权威资料，把这30年所取得的巨大成就，如实地反映出来。《历史决议》共列了10条，每条都很重要。其中关于经济建设的成就更加引人注意，这就是“逐步建立了独立的比较完整的工业体系和国民经济体系”。与此相联系的是，“国防工业从无到有地逐步建立起来”，包括“两弹一星”都有了。这就给后来的再发展奠定了物质基础。要知道，这都是在“一穷二白”的基础上建立起来的，是来之不易的。

党的十一届三中全会后，我们实行改革开放，加快社会主义现代化建设，取得了空前的伟大成就。最能说明问题的是，2012年我国国内生产总值达到519322亿元，跃升到世界第二位。创新型国家建设也取得巨大成就，载人航天、探月工程、载人深潜、北斗卫星导航系统、超级计算机、高速铁路等实现重大突破，第一艘航母“辽宁舰”入列。与此同时，我们的国防实力也明显增强。除上面所列以外，我国二炮部队于2012年分别试射了一枚新型东风—41和一枚车载机动型东风—31A型洲际弹道导弹。二者将承担起中国的二次核反击任务。第四代战机歼—20同歼—31都在试飞。武直—10和武直—19，“翼龙”无人机、新FD—200防空导弹等等均已试验成功。城乡人民生活水平显著提高，国际地位今非昔比。

面对这些成就，我们能不扬眉吐气、豪情满怀吗？

当然，同时应看到，我们还面临着种种困难和问题。这些困难和问题，有的是来自国内的，有的是来自国外的，处理起来难度都很大，甚至存在着不小的风险。因此，一定不能高枕无忧，而是要有忧患意识。克服这些困难，处理这些问题，要对症下药，采取不同的应对措施，但发扬爱国主义精神是不可或缺的。在当前，爱国，一是要竭尽全力维护国家的主权、安全和领土完整，坚决同侵犯我国主权、安全和领土完整的行为作斗争。斗争当然要讲策略。策略是斗争的方式和方法，而不是不斗争。一是要振奋精神，不计个人名利，投身到国家的建设事业，为在建党一百周年时全面建成小康社会和在新中国成立一百周年时建成富强、民主、文明、和谐的社会主义现代化国家贡献自己的力量。后者同前者是密切相联系的。国力增强了，国防实力会跟着增强。当然，前者对后者也有带动作用。对此马克思给恩格斯的信中讲过，也为事实所证明。

回顾过去，展望未来，我们坚信两个百周年的目标肯定会实现。我们是有这种信心的。

现在我想用邓小平同志在中国共产党第十二次全国代表大会开幕词中的一段话，结束这一节的发言。邓小平同志说："中国人民有自己的民族自尊心和自豪感，以热爱祖国、贡献全部力量建设社会主义祖国为最大光荣，以损害社会主义祖国利益、尊严和荣誉为最大耻辱。"①

二、进行探索的是以毛泽东同志为首的中央领导集体

在生产资料所有制的社会主义改造基本完成后，如何进行社会主义建设？中央认识到，照搬苏联经验不行，必须把马列主义同中国实际情况结合起来，探索符合中国国情的社会主义建设道路。

探索取得了丰硕的成果，其中毛泽东同志的创建最多、最丰富。根据《历史决议》的概述，他提出：在社会主义制度下，人民的根本利益是一致的，但人民内部还存在各种矛盾，必须严格区分和正确处理敌我矛盾和人民内部矛盾；在党与民主党派的关系上实行"长期共存，互相监督"；在科学文化工作中实行"百花齐放、百家争鸣"；在经济工作中实行对全国城乡各阶层统筹安排和兼顾国家、集体、个人三者利益等一系列方针。他多次强调不要机械搬

① 《邓小平文选》第3卷，人民出版社1993年版，第3页。

用外国的经验，而要从中国是一个大农业国这种情况出发，以农业为基础，正确处理重工业同农业、轻工业的关系，充分重视发展农业和轻工业，走出一条适合我国国情的中国工业化道路。他强调在社会主义建设中要处理好经济建设和国防建设、大型企业和中小型企业、汉族和少数民族、沿海和内地、中央和地方、自力更生和学习外国等各种关系，处理好积累和消费的关系，注意综合平衡。他还强调工人是企业的主人，要实行干部参加劳动、工人参加管理、改革不合理的规章制度和技术人员、工人、干部“三结合”。他提出调动一切积极因素，化消极因素为积极因素，以便团结全国各族人民建设社会主义强大国家的战略思想。

《历史决议》在总结党在开始全面建设社会主义十年积累的领导社会主义建设的重要经验时，写到毛泽东同志1958年又提出要把党和国家的工作重点转到技术革命和社会主义建设上来。指出这是八大路线的继续发展，其有长远的指导意义。接着指出：毛泽东同志在领导纠正“大跃进”和人民公社化运动中的错误时提出不能剥夺农民，不能超越阶段，反对平均主义，强调发展商品生产、遵守价值规律和做好综合平衡，主张以农轻重为序安排国民经济计划等观点；刘少奇同志提出了许多生产资料可以作为商品进行流通，社会主义社会要有两种劳动制度、两种教育制度的观点；周恩来同志提出了我国知识分子绝大多数已经是劳动人民的知识分子，科学技术在我国现代化建设中具有关键性作用等观点；陈云同志提出了计划指标必须切合实际，建设规模必须同国力相适应，人民生活和国家建设必须兼顾，制定计划必须做好物资、财政、信贷平衡等观点；邓小平同志提出了关于整顿工业企业，改善和加强企业管理，实行职工代表大会制等观点；朱德同志提出了要注意发展手工业和农业多种经营的观点；邓子恢同志提出了农业中要实行生产责任制的观点。

物质变精神，精神变物质。前30年社会主义建设事业的发展，就是在党和国家领导集体在探索中所取得的一系列理论和思想成果的指导下实现的。当然，这并不是说探索是一帆风顺的，而是走的曲折的道路，中间发生过不少失误，甚至发生过“大跃进”和“文化大革命”那样严重的错误，使社会主义建设事业遭受到重大挫折，使党、国家和人民陷入困境。毛泽东同志是党和国家的主要领导人。社会主义建设取得巨大成就，他的功劳最大，而发生失误他也要负主要责任。无论前者和后者，都不只是他个人的事。这一点老一辈无产阶级革命家说得很清楚。

邓小平同志多次讲这个问题。《邓小平文选》第二卷中有四次讲上述观点。他在党的十一届五中全会第三次会议上说：“为少奇同志平反的决议讲，文化大革命前，党犯过一些错误，少奇同志和其他同志一样，也犯过一些错误。我看这样讲好，符合实际。不要造成一个印象，好像别人都完全正确，唯独一个人不正确。这个话我有资格讲，因为我就犯过错误。一九五七年反右派，我们是积极分子，反右派扩大化我就有责任，我是总书记呀！一九五八年大跃进，我们头脑也热，在座的老同志恐怕头脑热的也不少。这些问题不是一个人的问题。我们应该承认，不犯错误的人是没有的。”①

1980 年 11 月上旬，陈云同志两次和胡乔木同志谈《历史决议》起草问题。在谈到毛泽东同志的错误时说：“整个党中央是否可以说，毛主席的责任是主要的。党中央作为一个教训来说，有责任，没有坚决斗争。假如中央常委的人，除毛主席外都是彭德怀，那么局面会不会有所不同？应该作为一个党中央的集体，把自己的责任承担起来。在斗争时是非常困难的，也许不可能。”还说：“毛主席的错误，地方有些人，有相当大的责任。毛主席老讲北京空气不好，不愿呆在北京，这些话的意思，就是不愿同中央常委谈话、见面。他愿意见的首先是华东的柯庆施，其次是西南，再其次是中南。”②

---

① 《邓小平文选》第 2 卷，人民出版社 1994 年版，第 277 页。

② 《陈云年谱（1905—1995）》下卷，中央文献出版社 2000 年版，第 260—261 页。

《百年潮》2012 年第 12 期摘登了彭真传编写组的同志写的关于彭真同志复出后谈毛泽东的一部分内容。其中有这样一段："现在事后诸葛亮太多了，成绩是大家的，错误你就没份？好多错事的决定我也举手了，不能毛主席去世了都推在他身上。""现在写回忆录，多是讲自己是如何正确，错误都是毛主席的，这不公正。毛主席有很大的错误，我们有没有责任呢？我当时是中央政治局委员，如果在中央讨论和决定问题时，我要能够站出来，提出不同意见，或者说这件事我要求在政治局付诸表决，那么，毛主席的错误就不会发展得那么大，但我没有这样做，我有责任，其他的中央领导同志也有责任。"

《黄克诚传》最近出版了。其中把黄老 1980 年在中纪委讨论《关于党内政治生活若干准则》的讲话内容差不多都写进书里了。这次讲话是针对当时出现的"非毛反毛"倾向，讲怎样评价毛泽东的功过是非和要不要继续坚持毛泽东思想。当时黄老讲了两个多小时，有条有理，有根有据，说服力很强。在讲到错误时，他说："有些同志把建国以来我们党所犯的错误都算在毛主席身上，让他一个人承担责任，这样做不符合历史事实。……比如反右派扩大化，错整了许多人，就不能只由毛主席一个人负责。全国为什么划那么多右派？我看各地党委都要负责任。在'大跃进'中，许多做具体工作的人盲目地浮夸，将事实歪曲到惊人的程度，使错误发展到严重地步，我们也是有责任的。""同志们可以想想，反右派、'大跃进'、五九年庐山会议、提出社会主义时期阶级斗争理论、决定搞'文化大革命'以及错误地开除少奇同志的党籍等，哪一次不是开中央全会大会举手通过的？如果中央委员会多数同志都不赞成，各级领导干部都不赞成，毛主席一个人怎么能犯那么多的错误呢？如果我们抓具体工作的同志都能从实际出发，灵活地掌握党的重大政策，就不会犯全局性的错误。可是，我们一味地迎合上面，有的同志还想邀功，盲目地执行错误政策，这才使错误发展到严重地步。当然，毛主席要主要地负领导的责任，但我们也要负一定的执行责任呀!”

像黄克诚这样受过冷落甚至迫害的同志能不记个人恩怨，这样从大局看待问题，不仅是“符合我党实事求是的精神”，而且更重要的正如黄克诚所说：“毛主席是举世公认的我们党和国家的领袖，是中国革命的象征。丑化、歪曲毛主席就是丑化我们的党和国家。那样做，会危害党和国家的根本利益，危害十亿人民的根本利益。如果妖化了毛泽东，谁敢保证敌对势力不会趁机起来控诉共产党，控诉社会主义，控诉共和国呢?”①

我们读了这些老革命家的话，深受感动和教育。我觉得对伟大人物，特别对毛泽东这样伟大的历史人物，关键的细节可以写，他的失误也不能回避，但主要的笔墨还要用在他的历史功绩上。写他的失误也应写好心犯了错误。错误最大的莫过于“文化大革命”了，但正像邓小平同志所说的，“搞‘文化大革命’，就毛主席本身的愿望来说，是出于避免资本主义复辟的考虑，但对中国本身的实际情况作了错误的估计。”②

三、要写中央和各级领导部门的活动，也要写广大人民群众的活动

社会主义革命和建设以及改革开放，必须以共产党为领导。这是事实，在书中必须充分体现。但是，不能到此为止，还必须如实地写取得的成就都是党领导下的广大人民群众辛勤劳动的成果。贬低这几十年的成就，就是贬低人民群众。坚信“历史是人民创造的”唯物主义历史观的毛泽东，如同在民主革命时期一样，在社会主义革命和建设时，也把相信群众、依靠群众作为基本原则。他讲过一段非常深刻的话：“社会的财富是工人、农民和劳动知识分子

① 《黄克诚传》，当代中国出版社 2012 年版，第 591、592 页。

② 《邓小平文选》第 2 卷，人民出版社 1994 年版，第 346 页。

自己创造的。只要这些人掌握了自己的命运，又有一条马克思列宁主义的路线，不是回避问题，而是用积极的态度去解决问题，任何人间的困难总是可以解决的。”① 在读苏联《政治经济学教科书》时，读到书中引用列宁所讲的“生气勃勃的创造性的社会主义是由人民群众自己创立的”时说：“讲得好。我们的群众路线，就是这样的。”②

成就是党领导下的人民群众争来的，而失误的发生差不多都同脱离实际、脱离群众有关。例如 1962 年 1 月召开的“七千人大会”，在总结前几年的经验教训时，就明确地指出了这一点。“文化大革命”名义上是直接依靠群众，实际上既脱离了党的组织，又脱离了广大群众。

《国史稿》尽可能地反映人民群众的活动，特别是英雄模范人物的活动。现在回过头来看，反映的还可以多些、强些。

四、把发扬社会主义民主、健全社会主义法制写得较为充分是需要的

在建国后，我们党对发扬人民民主和法制建设是比较重视的。新中国成立之初，中国人民政治协商会议第一届全体会议即审议通过具有临时宪法作用的《共同纲领》和相关法律。1954 年 9 月 20 日出席中华人民共和国第一届全国人民代表大会的代表，以无记名的方式通过《中华人民共和国宪法》。这部宪法在不少方面比《共同纲领》有所前进。宪法是根本大法，是治国安邦的总章程。随后一些年，在宪法的实施中，还以宪法为母法制定了一些法律。1975

① 《〈中国农村的社会主义高潮〉序言》，《建国以来毛泽东文稿》第 5 册，中央文献出版社 1991 年版，第 490 页。

② 《列宁全集》第 33 卷，人民出版社 1985 年版，第 53 页；《毛泽东文集》第 8 卷，人民出版社 1999 年版，第 129 页。

年对宪法进行修改。由于指导思想和一些具体规定在理论上是错误的，在实践中所起的作用是有害的。1978 年，第五届全国人大修改通过的宪法，恢复和保持了 1954 年和 1975 年宪法中的社会主义法制和具体制度，用根本大法的形式，规定在本世纪内把我国建设成为农业、工业、国防和科学技术现代化的伟大社会主义强国为全国人民在新时期的总任务。在总纲中规定了我国国家制度和社会制度的基本原则，特别是规定了发扬社会主义民主、保障人民参加管理国家、参加管理经济和文化事业的原则和具体措施。但是由于当时历史条件的限制，这部宪法从基本精神到具体内容都存在严重缺陷，主要是“左”的痕迹较为突出。综观前 30 年，在社会主义民主和法制建设上，虽然取得了一定的成绩，但应如实地说，做得是很不够的。最明显的是，自从 1965 年 1 月 4 日第三届全国人民代表大会第一次会议闭幕以后，依照宪法规定每年应举行一次的全国人民代表大会，整整停开了十年，许多重大的决定都没有经过全国人民代表大会。这种情况基本上是发生在毛泽东同志发动的“文化大革命”期间。这和毛泽东同志过去强调的充分发扬党内外民主和所有人都要遵守法律是相抵触的。

最早提出改变这种状况的是邓小平同志。他在实际上是党的十一届三中全会的主题报告的《解放思想，实事求是，团结一致向前看》讲话中说：“要切实保障工人农民个人的民主权利，包括民主选举、民主管理和民主监督。”“为了保障人民民主，必须加强法制。必须使民主制度化、法律化，使这种制度和法律不因领导人的改变而改变，不因领导人的看法和注意力的改变而改变。”①

正是基于这样的认识，1980 年 9 月 10 日，第五届全国人民代表大会第三次会议接受中共中央的建议，决定成立宪法修改委员会，主持修改 1978 年 3 月第五届全国人民代表大会第一次会议通过的宪法。这项工作以毛泽东同志主持起草的 1954 年宪法为基础，

---

① 《邓小平文选》第 2 卷，人民出版社 1994 年版，第 146 页。

根据实际情况的变化和认识的发展，对 1978 年宪法作了很大修改。修改、讨论（包括全民讨论）花费了两年时间，于 1982 年第五届全国人大第五次会议审议通过。

修改后的宪法把四项基本原则作为指导思想写在序言中。彭真同志受叶剑英主任委员的委托，代表宪法修改委员会作的关于宪法修改草案的报告中说：“四项基本原则既反映了不以人们的意志为转移的历史发展规律，又是中国亿万人民在长期斗争中作出的决定性选择。”

宪法在总纲中开宗明义地规定了国家的性质即国体：“中华人民共和国是工人阶级领导的、以工农联盟为基础的人民民主专政的社会主义国家。”国家的这种性质决定，在我国，人民，只有人民才是国家的主人，决定“中华人民共和国的一切权力属于人民”。这是我国国家制度的核心内容和根本准则。人民如何行使国家权力呢？宪法根据我国国情规定：“人民行使国家权力的机关是全国人民代表大会和地方各级人民代表大会”，还规定“人民依照法律规定，通过各种途径和形式，管理国家事务，管理经济和文化事业，管理社会事务。”至于宪法关于公民的基本权利和义务的规定，则是人民民主专政的国家制度和社会主义社会制度的原则规定的延伸。

1982 年宪法至今经过了四次部分修改，都是把指导思想的新发展和重大的体制改革措施用根本大法固定下来，原来的最重大的规定并没有根本改变。

作为人民行使管理国家权利的机关，全国人民代表大会把行使立法权作为重要职责。宪法颁布后，全国人大及其常委会加强了立法工作。经过多年的努力，我国已经形成了以宪法为统帅的中国特色社会主义法律体系，总体上实现了有法可依。全国人大及其常委会，在监督和支持“一府两院”依法行政、公正司法，依法决定国家重大事项，选举、决定和批准任免国家机关工作人员等方面，也取得了明显的成绩。

作为国家权力机关的执行机关和行政机关的国务院，是实施法律法规的重要主体，必须带头严格执法，依法行政，维护公共利益、人民权益和社会秩序，要对人民代表大会及其常委会负责并报告工作和接受监督。

作为司法机关的人民法院和人民检察院要公正司法。人民法院要依照法律规定独立行使审判权，人民检察院要依照法律规定独立行使检察权，不受行政机关、社会团体和个人的干涉。最高人民法院和最高人民检察院对全国人民代表大会及其常委会负责，地方各级人民法院和人民检察院都对产生它的国家权力机关负责。

为使我们的国家成为一个法治国家和法制社会，还必须使广大群众知法、守法，并运用法律的武器维护自己的权益，同一切危害国家、社会利益以及其他公民合法权益的行为作斗争，包括对国家公职人员特别是党员干部的违法犯罪行为和渎职行为作斗争。

最近，习近平同志指出："我们党是执政党，坚持依法执政，对全面推进依法治国具有重大作用。要坚持党的领导、人民当家作主、依法治国有机统一，把党的领导贯彻到依法治国全过程。各级党组织必须坚持在宪法和法律范围内活动。各级领导干部要带头依法办事，带头遵守法律。各级组织部门要把能不能依法办事、遵守法律作为考察识别干部的重要条件。"① 总起来说，坚持科学立法、严格执法、公正司法、全民守法，开创依法治国的新局面，这是国家长治久安的需要，是全面建成小康社会和建成富强、民主、文明、和谐社会主义现代化国家的需要。当务之急是下大力气，坚决防止和纠正有法不依、执法不严、违法不纠，乃至以人代法、以权压法等现象。

吴邦国委员长在向十二届全国人大五次会议所作的常委会工作报告中指出，要坚持和完善人民代表大会制度，申明我国是工人阶

① 习近平在中共中央政治局第四次集体学习时的讲话，见 2013 年 2 月 25 日《人民日报》。

级领导的，以工农联盟为基础的人民民主专政的社会主义国家。接着说：人民代表大会制度是体现我国国家性质、保证人民当家作主的根本政治制度，也是党在国家政权中充分发扬民主、贯彻群众路线的最好实现形式。我们深刻认识我国人民代表大会制度的本质特征，理直气壮地坚持自己的特色、发挥自己的优势，不断推进人民代表大会制度自我完善和发展；充分认识我国人民代表大会制度与西方资本主义国家政体的本质区别，坚决抵制各种错误思想理论影响，在重大原则问题上立场坚定、旗帜鲜明。我们借鉴人类政治文明有益成果，绝不照搬西方政治制度模式。①

五、体现邓小平提出的“两手抓”、两手都要硬的精神

“两手抓”开始指的是一手抓改革开放，一手抓打击各种犯罪活动。对此，邓小平同志多次讲、反复讲。1982 年 4 月 10 日，他在中共中央政治局讨论《中共中央、国务院关于打击经济领域中严重犯罪活动的决定》的会议上讲话时说：“我们要有两手，一手就是坚持对外开放和对内搞活经济的政策，一手就是坚决打击经济犯罪活动。没有打击经济犯罪活动这一手，不但对外开放政策肯定要失败，对内搞活经济的政策也肯定要失败。有了打击经济犯罪活动这一手，对外开放、对内搞活经济就可以沿着正确的方向走。”同年 7 月 4 日，他在军委座谈会的讲话中，进一步指出，“不仅在经济领域，而且在政治、文化领域，都有严重的犯罪活动和犯罪分子”。② 1989 年 6 月 9 日，在接见首都戒严部队军以上干部时说：“八十年代初建立经济特区时，我与广东同志谈，要两手抓，一手

① 吴邦国向十二届全国人大五次会议作常委会工作报告，见 2013 年 3 月 9 日《人民日报》。

② 《邓小平文选》第 2 卷，人民出版社 1994 年版，第 404、409 页。

要抓改革开放，一手要抓严厉打击经济犯罪，包括抓思想政治工作。就是两点论。但今天回头来看，出现了明显的不足，一手比较硬，一手比较软。一硬一软不相称，配合得不好。讲这点，可能对我们以后制定方针政策有好处。”① 在视察南方谈话时又说：“要坚持两手抓，一手抓改革开放，一手抓打击各种犯罪活动。”“只要我们的生产力发展，保持一定的经济增长速度，坚持两手抓，社会主义精神文明建设就可以搞上去。”②

必须肯定，改革开放这一手硬并不错。十一届三中全会以来的事实证明：在坚持公有制为主体、多种所有制经济共同发展和按劳分配为主体、多种分配方式并存，坚持国民经济平衡健康发展，坚持改革为了人民、依靠人民、成果归于人民，改革不仅过去应该做，今后也要继续下去。在立足于独立自主、自力更生，有助于壮大民族工业和民族经济，开放也不仅过去应该实行，今后还要实行。

但是在具体工作中出现了一手软的现象。这包含两个方面内容：一个是打击各种犯罪活动不力，另一个是思想政治工作薄弱。

从理论上说，两手之间的关系涉及经济和政治、物质和精神之间的关系。邓小平提出对此要坚持“两点论”，就是说要全面地看问题。一点论者看到经济决定政治、物质决定精神，而不懂得政治对经济、精神对物质有巨大的反作用。这纯系一种形而上学的观点。

抓打击各种犯罪活动，是与十一届三中全会以后认定阶级斗争虽然已经不是我们社会中的主要矛盾，但是阶级斗争仍然存在，而且不可小看分不开的。《关于建国以来党的若干历史问题的决议》指出：“在剥削阶级作为阶级消灭以后，阶级斗争已经不是主要矛盾。由于国内的因素和国际的影响，阶级斗争还将在一定范围内长

① 《邓小平文选》第3卷，人民出版社1993年版，第306页。
② 《邓小平文选》第3卷，人民出版社1993年版，第378、379页。

期存在，在某种条件下还有可能激化。既要反对把阶级斗争扩大化的观点，又要反对认为阶级斗争已经熄灭的观点。对敌视社会主义的分子在政治上、经济上、思想文化上、社会生活上进行的各种破坏活动，必须保持高度警惕和进行有效的斗争。”[①] 这段论述的基本观点，已被写进党章和宪法。大量的事实证明，在否定阶级斗争为纲的同时，认定阶级斗争并没有熄灭，从而应对国内外敌对势力的破坏和进攻是非常必要的。有些人否认或者忽视阶级斗争的存在，这些人，不是站在敌对势力的立场上说话，就是糊涂人。

关于软的一手的另一个内容，邓小平同志讲得也非常清楚。他在接见首都戒严部队军以上干部的讲话时说：“四个坚持本身没有错，如果说有错误的话，就是坚持四项基本原则还不够一贯，没有把它作为基本思想来教育人民，教育学生，教育全体干部和共产党员。这次事件的性质，就是资产阶级自由化和四个坚持的对立。四个坚持、思想政治工作、反对资产阶级自由化、反对精神污染，我们不是没有讲，而是缺乏一贯性，没有行动，甚至讲得都很少。不是错在四个坚持本身，而是错在坚持得不够一贯，教育和思想工作太差。……我对外国人讲，十年最大的失误是教育，这里我主要是讲思想政治教育，不单纯是对学校、青年学生，是泛指对人民的教育。对于艰苦创业，对于中国是个什么样的国家，将要变成一个什么样的国家，这种教育都很少，这是我们很大的失误。”[②]

邓小平同志指出对全体共产党员和全国人民进行思想政治教育的最重要的内容是四项基本原则，这非常重要。因为不进行四个坚持的教育，改革开放就会走上邪路。前边说过，四项基本原则是作为指导思想写进我国现行宪法序言中的。不仅如此，我国宪法第二十四条第二款还规定：“国家提倡爱祖国、爱人民、爱劳动、爱科学、爱社会主义的公德，在人民中进行爱国主义、集体主义和国际

---

① 《三中全会以来重要文献选编》（下），人民出版社 1982 年版，第 841 页。

② 《邓小平文选》第 3 卷，人民出版社 1993 年版，第 305—306 页。

主义、共产主义的教育，进行辩证唯物主义和历史唯物主义的教育，反对资本主义的、封建主义的和其他的腐朽思想。”可是，确实像邓小平同志批评的那样，党的领导人中存在不是积极宣传四项基本原则，而是容忍甚至支持与此相反的宣传的现象，造成了严重的后果。

党的十八大报告在谈到“扎实推进社会主义文化强国建设”的时候指出：“广泛开展理想信念教育，把广大人民团结凝聚在中国特色社会主义伟大旗帜之下。大力弘扬民族精神和时代精神，深入开展爱国主义、集体主义、社会主义教育，丰富人民精神世界，增强人民精神力量。”马克思讲过：“批判的武器当然不能代替武器的批判，物质力量只能用物质力量来摧毁；但是理论一经掌握群众，也会变成物质力量。”① 用马克思列宁主义、毛泽东思想和中国处于社会主义初级阶段的实际相结合而形成的中国特色社会主义理论来教育党员和群众，必定会使之“掌握群众”，成为他们在党的领导下振兴中华的强大的物质力量。

① 《〈黑格尔法哲学批判〉导言》，《马克思恩格斯选集》第1卷，人民出版社1995年版，第9页。

国史研究要处理好历史与现实之间的融通和导向作用

北京大学原副校长　梁　柱

《中华人民共和国史稿》（以下简称《国史稿》）前后历时20年，凝聚了许多国史研究者的心血和长期研究的成果，是一部很有特色、很有深度和现实意义的精品力作。我有幸参加后期的统稿工作，这对我来说，是获得再一次学习的机会，得益多多。对于这部书的写作特点、过程体会和基本经验，力安、有林同志以及各位分卷主编都会有很好的见解，我只能从这次统稿的学习中谈点不成熟的感受，供同志们参考和批评。

第一个感受是，这部《国史稿》所取得的成就或还存在的某些不足（这是难以避免的），都给我们国史研究者有益的启示，对我有所感悟的是作为一个合格的国史研究者应该具备的条件，或者说应该有的必要的知识结构。

作为一部科学著作的水平，最主要的是取决于作者的学术水平和表达能力。从学术水平上说，会首推专业知识水平的高低和深浅，这是有道理的，但又是不全面的。我几度阅读这部《国史稿》，感到首先应该具备的是要有深厚的理论功底，要比较娴熟的掌握马克思主义的立场、观点和方法，才有可能更好地把握历史的全局，写出历史的深度。作为马克思两大发现之一的唯物史观，是人类认识史上一次“壮丽的日出”，是历史学的一次革命。值得注意的是，李大钊在中国传播马克思主义的时候，其中占有很大一部分的内容是介绍唯物史观并运用这一新的历史方法来解释中国社会和中国革命面临的一系列问题。这是当时日益成熟的中国新的革命的要求。他对新旧历史观作了区别，明确提出历史研究的任务在于：“一、整理事实，寻找它的真确的证据；二、理解事实，寻出它的进步的真理”。即把历史作为“研究社会变革的学问”，“于其中发见历史的必然的法则”。这就使历史成为科学。这也是我们今天应该坚持的方向。而要做到这一点，则是需要不断提高自己的理论水平和分析问题的能力。其次，要有比较广博的知识基础，多方面的知识准备。有了学问，就能够站得很高，看得很远，在自己专业的研究中能够做到旁征博引，举一反三，就有能力处理好“古今中外”的关系。有了比较深厚的理论基础和多方面的知识基础，写出的东西就不会枯燥乏味，令人难以卒读；而能够使之有广度，有深度，有神韵，有文采。如著名历史学家郭沫若是1928年旅居日本时才开始从事中国古代史、古文字学和考古学研究的，可说是半路出家，而他在这些领域都取得了重大成就，这除了天赋和勤奋之外，就同他具有深厚的知识基础和理论素养分不开的。他1924年就翻译了日本河上肇的《社会组织和社会革命》，开始接触马克思主义；他是马克思、恩格斯《德意志意识形态》一书的最早的中文译者（节译其中的费尔巴哈章）。他的《中国古代社会研究》等史书，是运用马克思主义研究中国历史的开创性著作。应该说，自觉学习和运用马克思主义理论是老一辈历史学家留给我们的一个优良传统。再者，要有很好的专业造诣，尽可能地掌握全面而丰富的史料，善于识别和运用材料，善于史论结合，善于在历史的论述中启示人们对历史经验的认识和掌握。此外，还要通过调查研究深切理解现实社会，了解国情，这对于历史研究是很有帮助的。毛泽东在读苏联《政治经济学教科书》谈话中，发表了大量评论性的意见，对这本书的写法，他有一个基本评价：“写书要有批评对象，就会有生气。

这本书，没有展开对错误观点的批判，所以看起来很沉闷”。他还说，这表明经济学家不懂经济实践，“一看就可以知道是一些只写文章，没有实际经验的书生写的”。这主要是对理论工作讲的，也是他一贯主张的理论工作要有的放矢，善于从实际中提出问题。这对我们历史研究也有启迪意义。同时，懂得现实社会也是打开和认识历史的一把钥匙，可以设想，今天我们改革开放的政策取得了重大成就，如果把今天的全面改革开放的措施放到1949年建国之时，而没有必要的物质基础、制度基础和理论基础的准备，是不可想象的。所以人民共和国60多年的历史是统一发展的一个过程，不能用后30年的成就去否定前30年的历史功绩。

第二个感受是，这部《国史稿》很好地体现了史学经世致用、资政育人的作用。

中国自古以来就有“治史”、“学史”、“用史”的优良传统。史学具有不可替代的社会功能，资政育人就是对这种社会功能的概括。它主要体现在：为统治阶级的长治久安及其决策提供历史经验；发挥历史的爱国主义功能；提高人民群众的人文素养。清代思想家龚自珍倡导“当以良史之忧忧天下”，增强民族的忧患意识。老一辈无产阶级革命家吴玉章指出：“我们要提高民族的自尊心和自信心，就需要知道自己的历史”，“民族的自尊心和自信心，常常是从历史中动人的事实得来”。有的学者称史学“是国家兴亡之学，民族兴衰之学”。这都体现了史学历来就是意识形态的重要组成部分，也是不同意识形态都十分关注的一个重要领域。仅有二百多年建国历史的美国在其历史课程全国《标准》中说明：没有历史，一个社会就不会对自己的历史起点、它的核心的价值观，以及过去的决定对当前的影响有一个共同的记忆；没有历史，就不能对社会中政治的、社会的或道德的问题进行任何合理的考察；没有历史知识和以历史知识为基础的探究，人们就不可能成为见多识广、有鉴别能力的公民。俄国革命民主主义者车尔尼雪夫斯基也说过：“也许你不懂上千门科学，但你仍然有可能成为一个受教育的人，如果你不热爱历史，那你只会是一个智力不健全的人。”这些都从不同的侧面说明了史学的重要和史学所赋有的社会功能。中华人民共和国史作为一门历史学科，同当代中国有着更为直接的、不可分割的联系，它的资政育人的作用也更为突显，更为重要。这个特点，成为贯穿这部《国史稿》的一个重要线索。特别是在它的整体格局中，增加了一个序卷，这是很有创意、很有特色、很有意义的。它不仅概要地叙述了中国共产党领导的民主革命斗争，而且浓缩了中华民族5000年的历史；无比自豪地写出了我们民族的辉煌，也深沉地表现了近代中国所经历的炼狱般的苦难和不懈的探索奋斗。这会使读者在情感与理性的思考中受到历史的教育。这可以从以下两个方面加以说明：

一方面，会产生很好的爱国主义教育效果。《国史稿》以大量的历史事实和生动的笔触，告诉人们，中华民族历经磨难而始终保持旺盛的生命力和凝聚力，这是同我们民族具有一种深刻的忧患意识相联系的。像在《周易》这部元典中，《易传》就把《易经》概括为：“其辞危”。就是说有危机感，有忧患意识。这时的忧患意识还主要表现为忧君、忧位，因为“殷鉴不远，在夏后之世”。所以在《易经》的否卦·爻辞中有“其亡，其亡，系于苞桑”的说法。到了孔子那里，忧患意识则主要表现为忧“道”，忧虑尧、舜、禹、汤、周的道统中断，所以有“朝闻道，夕死可矣”的说法。儒家学说的另一位代表人物——孟子，他明确提出“生于忧患，死于安乐”，“无敌国外患者，国恒亡。”这就是说，一个国家如果没有忧患意识，没有敌国观念，这个国家就会被灭亡。正是出于这种忧患意识，他提出了“君轻民贵”的主张。他劝齐宣王要“乐民之乐者，民亦乐其乐；忧民之忧者，民亦忧其忧”，要“乐以天下，忧以天下”。当然，古代的这种民本思想，还不能超出以君主为本位的历史局限，但它毕竟把忧患意识引向了忧国忧民，是深化了。当然，在不同的时代、不同的历史时期，有不同的忧患内涵，但其共同的一点，就是表现为：心系国家安危，情牵黎民百姓。这种忧患意识使中华民族有很强的整体认同感，有荣辱与共、患难与共的情怀，有无以为国、何以家为的先国后家的高尚风格，有公而忘私、国而忘家的行为准则。这种源远流长的爱国主义精神，铸造了多少风流人物的崇高抱负和追求。像爱国诗人屈原，虽身临厄运，仍萦萦于天下苍生，“长太息以掩涕兮，哀民生之多艰”。在煌煌唐诗中，也透露出这种鲜明的人民性。像以布衣忧国而著称的杜甫，写出了“穷年忧黎元，叹息肠内热”这样感人肺腑的诗句；白居易的“同是天涯沦落人，相逢何必曾相识”，表达了对下层人民的无限同情。我们民族体现这种做人原则的思想财富是十分丰富的。像范仲淹的“先天下之忧而忧，后天下之乐而乐”，文天祥的“人生自古谁无死，留取丹心照汗青”，顾炎武的“天下兴亡，匹夫有责”，林则徐的“苟利天下生死以，岂因祸福趋避之”等等。读了这样的诗篇和用心用血写成的名言警句，一定会陶冶人的性情，从心底产生对美好理想的追求，会使我们的爱国之心、报国之志在潜移默化中得到升华。这种凝聚着爱国思想的格言会转化为巨大的报国动力。流传至今的岳母为儿子岳飞刺字的故事，这“精忠报国”四个大字，千百年来激励了多少热血男儿，疆场赴命，卫国保家，马革裹尸，壮怀激烈。在中华民族的历史上，出现了许多以身许国、以死报国的千古佳话，形成了优良的爱国传统，经久弥新。正像陈毅元帅示儿诗中所写的“国家若有难，汝当作先锋”，就是这种传统精神的体现。这是中华民族能够历经磨难而不衰，在凤凰涅槃中再生的一个重要原因。到了近代，当中华民族遭受外民族入侵，备受西方列强蹂躏欺凌的时候，爱国主义精神表现得更加强烈，更加鲜明，成为团结对外、救亡图存的一面旗帜。中国自古有这样一种说法：一个人如果读了诸葛亮的《出师表》而不为之动容，就会被视为不忠；一个人如果读了李密的《陈情表》而不为之动情，就会被视为不孝。现在我们应该加上一句：一个人如果读了中国近代史而无动于衷，依然麻木不仁，就很难说是一个有血性的中国人。在百年来争取民族独立的伟大斗争中，除了极少数出卖国格人格的卖国贼外，中国人民同仇敌忾，气壮山河。应当说，爱国主义既体现对祖国和人民的真挚而深厚的情感，也承载着一代又一代中国人对自己民族的历史责任。如果说，我们的前辈不惜抛头颅，洒热血，赢得了一个新的中国，那么，新一代青年就有责任接过他们的接力棒，去实现中华民族的伟大振兴，实现社会主义现代化的事业。这是一个前无古人的伟大事业。青年一代能够把自己的聪明才智、人生价值和这个伟大理想联结在一起，这既是一份历史责任，也是人生的幸运。这种基于厚重的历史基础上的理性认识，会发生很好的潜移默化的作用。

另一方面，会从中获得对近代中国历史的规律性认识。比如，为什么说中国共产党的领导是历史的选择？可以说，中国近代史是一部充满屈辱与抗争的历史，同时也是一部寻找救国真理、探索国家出路的历史。哪一个阶级、哪一个政党能够带领中国人民实现近代历史提出的实现民族独立和国家富强这两个基本要求，它就会成为历史选定的领导阶级和政党。中国共产党正是以自己的科学理论、正确路线和对人民事业无限忠诚，把爱国主义同争取社会主义的前途紧密结合起来，从而赢得了民族独立和人民民主，为实现国家富强和人民共同富裕开辟了广阔前景和现实道路。所以，这种历史选择，是因中国在新的历史条件下只有社会主义才能够实现民族复兴，而走社会主义道路就必须坚持共产党的领导；同样的道理，如果不坚持社会主义道路，共产党同样会失掉人民的信任，失去自己的领导地位。

又如，中国人民在近代百年苦难、百年奋斗中，由于缺乏科学理论的指导，经历了无数艰难曲折，吃尽了种种苦头。只有马克思主义传入中国之后，才改变了这种局面。李大钊作为在中国传播马克思主义的第一人，一开始他就努力运用这一理论来观察中国社会和中国革命的实际问题，就比较正确地总结中国革命的历史经验，初步指明中国革命是世界革命的一部分、帝国主义是中国人民的最主要敌人、无产阶级是民主革命的先锋、农民是最伟大的革命力量，以及知识分子要同工农相结合这样一些带根本性的问题，充分显示了马克思主义理论所表现出来的巨大威力，回答了百年革命斗争不能加以科学回答的问题。正因为这样，在当时众说纷纭的救国方案和众多的社会主义思潮中，科学社会主义以自己特有的魅力脱颖而出，很快为中国人民所认识和接受。通过这样历史的认识，会增强我们对马克思主义理论的自觉。再如，通过党在民主革命时期所经历的从幼年走向成熟的曲折历程，这不但有助于我们认识马克思主义中国化的重要性，而且有助于正确认识党的历史和人民共和国的历史。正如鲁迅所说，革命有血，有污秽，但有婴孩。不经历艰难困苦就不会有人民的胜利，决不能因为我们还有脏水而倒掉婴孩。上述这些，使读者能够在广阔的历史背景下，审视人民共和国诞生的伟大历史意义，正确对待新中国的历史。

第三个感受是，这部《国史稿》很好地体现了人民共和国历史的主体和主流，实事求是地评价了它所经历的曲折，特别是毛泽东的功过是非。

毛泽东是新中国的主要开创者，空前的民族英雄。我们并不否认他在晚年犯有严重错误，中国共产党作为一个郑重的党，在正确总结历史经验教训，纠正毛泽东晚年错误的同时，指明他的错误同他的伟大贡献相比，是第二位的，维护了毛泽东和毛泽东思想的历史地位。但是，30 多年来一些别有用心的人对毛泽东极尽诬蔑攻击之能事，如此对待一位功勋卓著的开国领袖，这在世界历史上也是少有的。他们并不隐瞒这种阴暗心理背后的政治目的，他们是要通过否定毛泽东来改变我国的社会主义这一唯一正确的历史走向，因为毛泽东和毛泽东思想是他们实现自己政治诉求的不可逾越的障碍。

这里需要指出，评价一个国家、一个社会政策的效果，应该有一个共同的标准，这主要是：看它是不是促进了社会生产力的发展，是不是推动了社会进步，是不是给人民带来了福利。我们知道，中国有史以来曾经经历了几次大的社会动荡，严重阻碍和破坏了社会生产力的发展，给人民带来了无穷的灾难。当时造成这种社会动荡的原因，主要是社会矛盾尖锐、统治阶级内部争权夺利和民族融合过程出现的阵痛。到了近代中国社会的百年动荡，除了尖锐的社会矛盾外，外民族——资本—帝国主义入侵，使中国面临亡国灭种的危险，成为一个最重要的原因。正是在这样的历史背景下，中国共产党领导中国人民推翻了三座大山，一个新的中国诞生了。新中国医治长期战争造成的创伤，仅仅用了三年时间就使工农业生产主要指标恢复到历史最高水平，清除了旧社会的污泥浊水，使整个社会风清气正，人民欢欣鼓舞。《国史稿》作者出于史学工作者的良知和社会责任感，以大量的史实再现了毛泽东领导时期建设新国家的伟业和所取得的巨大成就，同时又不回避在探索中所经历的曲折和遭受的损失，体现了我们党的实事求是的精神，是有说服力的，也是对国内外那些反共势力的有力回答。

《关于建国以来党的若干历史问题的决议》把毛泽东晚年的错误称为悲剧，这是一个很贴切的说明。所谓“悲剧”，按鲁迅所说，是将人生有价值的东西毁灭给人看。恩格斯也深刻指出，“历史的必然要求和这个要求实际上不可能实现”是悲剧性冲突所在。我们要站在历史的高度，来认识这个问题。

当我国确立社会主义制度不久，发生了苏共二十大和赫鲁晓夫秘密报告事件，在这样的历史背景下，毛泽东提出了进行马列主义与中国实际第二次结合的任务。对于苏共二十大，毛泽东曾用“一则以喜，一则以忧”这样的话，来形容他此时的心情和看法。对于这种心态的自我表露，多年来在许多论述中的解释，多数是合乎实际的，但也有个别的作了违背事实的恶意猜度。其实，毛泽东本人对此有过明确的说明。1956 年 3 月 17 日，毛泽东在中央书记处讨论赫鲁晓夫秘密报告的会上说，赫鲁晓夫的秘密报告值得认真研究，特别是这个报告所涉及的问题以及它在全世界所造成的影响。

现在看来，至少可以指出两点：一是他揭了盖子，一是他捅了娄子。说他揭了盖子，就是讲，他的秘密报告表明，苏联、苏共、斯大林并不是一切都是正确的，这就破了迷信。说他捅了娄子，就是讲，他作的这个秘密报告，无论在内容上或方法上，都有严重错误。这正是这时毛泽东的喜与忧的所在。后来事态的发展，证明毛泽东这个看法是正确的。正是这种揭开盖子所起的破除迷信、解放思想的积极作用，开启了中国共产党人对自己的建设道路的思考和探索。列席这次书记处会议的吴冷西在他的《十年论战》一书中，曾回忆毛泽东在会议结束时的一段重要讲话，毛泽东说："我认为最重要的教训是独立自主，调查研究，摸清本国国情，把马克思列宁主义的基本原理同我国革命和建设的具体实际结合起来，制定我们的路线、方针、政策。"民主革命时期，我们走过一段弯路，吃了大亏之后才成功地实现了这种结合，取得革命的胜利。"现在是社会主义革命和建设时期，我们要进行第二次结合，找出在中国进行社会主义革命和建设的正确道路。"他说，开始我们模仿苏联，因为我们毫无搞社会主义的经验，只好如此，但这也束缚了自己的积极性和创造性。"现在我们有了自己的初步实践，又有了苏联的经验教训，应当更加强调从中国的国情出发，强调开动脑筋，强调创造性，在结合上下功夫。"[①] 对于这个重要思想，1962 年 1 月，他进一步强调："我们必须把马克思列宁主义的普遍真理同中国社会主义建设的具体实际，并且同今后世界革命的具体实际，尽可能好一些地结合起来，从实践中一步一步地认识斗争的客观规律。"[②]

应当说，50 年代中期以后，包括中国在内的许多社会主义国家的改革，都同苏共二十大这一国际背景相关联着的。因此，毛泽东在提出要找到自己的建设道路这一历史性任务的同时，又对

---

① 吴冷西：《十年论战》，中央文献出版社 1999 年版，第 23—24 页。

② 《毛泽东文集》第 8 卷，人民出版社 1999 年版，第 302 页。

赫鲁晓夫全盘否定斯大林可能导致的严重后果深表忧虑；而后者，引发了他对如何防止党和国家被变质的思考，力求要探索出一条能够保持党和人民政权纯洁性的有效途径。毫无疑义，探索一条适合中国国情的社会主义建设道路，是党在社会主义时期面临的一个最重要的任务。但仅仅说在这个时期只是探索自己的建设道路，还不足以涵盖毛泽东在他生命的最后20年的全部理论和实践活动，也不足以反映党在社会主义时期所面临的历史课题。有一种说法，说毛泽东在经济建设中犯了诸如“大跃进”这样的错误，走不通了，所以重提阶级斗争，犯了阶级斗争扩大化的错误。这实际上是一种简单化的说法。诚然，这两大探索是伟大的起步，在一定意义上说，错误是难以避免的，都不是完全成功的，但却都有深远的历史意义。所以应当如实地说，50年代以后毛泽东所致力的探索，是包含上述两个方面的内容，是两大探索，而这二者都是具有重大战略意义的历史性课题，关系到社会主义中国的命运和前途问题。

这里有必要指出，毛泽东病重期间，在他的住地召见华国锋等人，谈到了自己一生的两件大事。一是与蒋介石斗了几十年，把他赶到几个海岛上去了；抗战八年，把日本人请回老家去了。对这件事持异议的人不多。另一件事就是发动文化大革命。这事拥护的人不多，反对的人不少。并说，这两件事都没有做完。这笔遗产将移交到下一代去了。交班和平不成就动荡中交，搞得不好，就得血雨腥风了。[①] 关于这个情节，《国史稿》相关主编根据一些新的材料，没有加以采用。这是治史的一种严肃态度，是可以理解的。但我觉得这个问题还应当进一步考证，根据毛泽东身边一些同志的回忆和他本人对“文化大革命”的重视，这两件大事的自我评价，还应当说是可信的。后来，基于“文化大革命”已认定为是一场错误的运

---

① 逄先知、金冲及主编：《毛泽东传（1949—1976）》（下），中央文献出版社2003年版，第1781—1782页。

动，胡绳在《毛泽东一生所做的两件大事》一文中，对毛泽东一生所做的两件大事作了这样的概括：第一件大事是，领导党和人民，推翻了帝国主义、封建主义和官僚资本主义在中国的统治，完成了民主革命的任务。第二件大事是，在以带有中国特色的方法完成了社会主义改造以后，努力探索中国的社会主义建设的道路。这个概括是合乎实际的，获得了人们的共识。这里需要说明的是，作为毛泽东这样的历史人物，对于他自己的评价，是应该给予充分的重视和研究的。问题在于，对他所说的“文化大革命”是不是还应该有更加深刻的理解和研究。毫无疑义，毛泽东对他发动的“文化大革命”是极为重视的，不止一次地说过“文化大革命”还要搞多次；同时他也认为“文化大革命”犯有错误，应当“三七开”。所以，毛泽东把“文化大革命”作为他一生的两件大事之一，也是从他致力于解决无产阶级取得政权后能否巩固政权、防止资本主义复辟这一历史课题上说的。“文化大革命”作为解决这一历史课题的一种尝试，实际上是一种失败的尝试，这正是历史的悲剧所在。但作为社会主义面临的一个历史课题，是具有长远的战略意义的。我们否定“文化大革命”这一全局性的错误，但不能否定毛泽东发动“文化大革命”的初衷，不能否定如何保证党和人民政权的纯洁性、防止资本主义复辟这一历史课题。所以，对毛泽东在社会主义时期两大探索的概括，是符合毛泽东在这一历史时期的理论和实践活动的，是符合他的本意的。

对于这两大课题的探索，几乎是同步开始的。毛泽东所说的“一则以忧”，实际上是看到了赫鲁晓夫的错误做法，有可能影响社会主义国家的走向，有可能导致社会主义改革的逆向发展。赫鲁晓夫对斯大林的全盘否定，涉及如何看待社会主义历史和历史经验这样一个问题。在毛泽东看来，如果社会主义的历史和历史经验被否定，现实的社会主义制度将会被颠覆，因而这是必须给予回答的一个原则问题。

毛泽东提出要进行马列主义同中国实际第二次结合的任务，是一个需要在长期的实践中加以探索的历史性课题。如果说党在民主革命时期的第一次结合，是在经历并总结两次胜利、两次失败这样正反两方面经验的基础上才得以完成的话，那么，党在新时期面临“什么是社会主义，怎样建设社会主义”这一新的课题，也将经历实践、认识、再实践、再认识这样一个历史过程，其间包括将会遭遇到的挫折和失误，也就是一种并不奇怪的历史现象。

在毛泽东生命的最后20年里，他所致力于对自己的建设道路和如何避免党与国家改变颜色这样两个方面的探索，都是围绕着如何建设、巩固和发展社会主义这一历史主题展开的。当然，他为此所提出的那些理论观点并不都是成熟的和完善的，它们还有缺欠，还不完善，特别是还发生了像“大跃进”和“文化大革命”这样的严重错误。应当看到，任何杰出的历史人物的巨大功绩都是一定的历史时代的产物，同时又不能不带有那个历史时代的局限。这是一切站在时代前面指导历史潮流前进的历史巨人常有的一种历史现象。还应当看到，社会主义运动的历史还不长，中国进入社会主义的时间更短，要对社会主义建设的基本规律和我国的基本国情获得全面的、正确的认识不能不经过艰苦的探索，需要花费相当长的时间。毛泽东本人在《十年总结》一文中就说过：“我们对于社会主义时期的革命和建设，还有一个很大的盲目性，还有一个很大的未被认识的必然王国。”他说：“我们要以第二个十年时间去调查它，去研究它，从其中找出它的固有的规律，以便利用这些规律为社会主义的革命和建设服务。”① 正因为如此，在探索适合中国国情的社会主义建设道路的历程中，他对社会主义建设理论的贡献也往往与失误相互交织或交替出现；他提出的许多有重要理论价值的思想观点，有的还不够成熟，有的处于萌芽状态，有的未能付诸实施，有的没能坚持下去。尽管如此，我们还是应当实事求是地肯定，毛泽东在探索中所提出的许多真知灼见，确实为建设有中国特色社会主

① 《建国以来毛泽东文稿》第9册，中央文献出版社1996年版，第216页。

义理论的创立作了思想和理论上的重要准备。同样，毛泽东对防止党和国家改变颜色的探索，在理论和实践上都曾陷入误区，但是，他从对苏共二十大赫鲁晓夫丢掉列宁、斯大林“两把刀子”发出的警示开始，继而又对西方敌对势力的“和平演变”战略作出最早的、明确的回应，并提出了一系列具有深远意义的防止“和平演变”的战略设想，它对于巩固我国社会主义制度，保证我国社会主义建设的正确方向，有着重要的理论和实践的指导意义。

这就是我们所说的毛泽东晚年的错误是在探索中所犯的错误，而决不是有些人所说的是出于私心，是所谓权力之争等等谬说。正如邓小平所说：“搞‘文化大革命’，就毛主席本身的愿望来说，是出于避免资本主义复辟的考虑。”① 因此他说：“要举毛泽东思想的伟大旗帜，实事求是、恰如其分地评价‘文化大革命’，评价毛泽东同志的功过是非。”② 这就要求我们在区别的基础上，进行实事求是的、恰如其分的评价。

以阶级斗争扩大化为例，这是毛泽东晚年错误的一个集中表现。我们在否定阶级斗争扩大化错误的同时，又决不能够抛弃毛泽东关于社会主义社会阶级斗争理论的合理内核。毛泽东在《关于正确处理人民内部矛盾的问题》中说：“在我国，虽然社会主义改造，在所有制方面说来，已经基本完成，革命时期的大规模的急风暴雨式的群众阶级斗争已经基本结束，但是，被推翻的地主买办阶级的残余还是存在，资产阶级还是存在，小资产阶级刚刚在改造。阶级斗争并没有结束。无产阶级和资产阶级之间的阶级斗争，各派政治力量之间的阶级斗争，无产阶级和资产阶级之间在意识形态方面的阶级斗争，还是长时期的，曲折的，有时甚至是很激烈的。”③ 这个表述，基本上正确反映了社会主义时期阶级斗争的特点和规律。首

---

① 《邓小平文选》第 2 卷，人民出版社 1994 年版，第 346 页。
② 《邓小平文选》第 2 卷，人民出版社 1994 年版，第 307 页。
③ 《毛泽东文集》第 7 卷，人民出版社 1999 年版，第 230 页。

先，指明阶级斗争已经不是主要矛盾。马克思主义历来主张，生产资料的私有制是产生阶级的唯一的经济根源，人们对生产资料占有关系的不同是划分阶级的标志。列宁在《伟大的创举》一文中关于阶级的经典定义充分体现了历史唯物主义观点，他说："所谓阶级，就是这样一些大的集团，这些集团在历史上一定的社会生产体系中所处的地位不同，对生产资料的关系（这种关系大部分是在法律上明文规定了的）不同，在社会劳动组织中所起的作用不同，因而取得自己支配的那份社会财富的方式和多寡也不同。"[①] 在我们党，从1933年毛泽东《怎样分析农村阶级》，到1948年的土地法和新中国成立后的土地改革法，都坚持了这一唯物主义的观点。阶级的划分和阶级的消灭的依据应当是一致的，当生产资料的私有制问题解决之后，这时资产阶级已失去了对生产资料的所有权，失去了剥削劳动者的手段和奴役劳动者的条件，因而也失去了作为剥削阶级得以存在的经济基础和本质特征。从中共八大对国内基本状况和主要矛盾的分析到毛泽东在《正确处理人民内部矛盾的问题》中提出"革命时期的大规模的急风暴雨式的群众阶级斗争已经基本结束"的论断，是符合实际的，符合马克思主义的阶级学说。正如任弼时在1948年《土地改革中的几个问题》的报告中所指出的："划分阶级成分的标准只有一个，就是根据人们对生产资料的关系不同，来确定各种不同的阶级。"并说以历史、生活和政治态度等来作为定阶级的标准"都是错误的"。50年代中期以后越来越陷入阶级斗争扩大化错误的一个重要根源，就是判断在我国社会还存在两个剥削阶级的错误理论。在所有制问题已经基本解决之后，仍然坚持完整的剥削阶级的存在，就不能不另立标准，按照人们的政治态度和思想状况划分阶级，这显然是违背马克思主义的，是唯心史观的一种表现，在实践中必然造成严重的后果。这是我们应当加以纠正的。其次，毛泽东关于社会主义社会阶级斗争特点和规律的论述，是正

① 《列宁选集》第4卷，人民出版社1995年版，第11页。

确的。应该说，阶级的彻底消灭不仅要有一个过程，而且这个过程将是十分复杂的。我们坚持把所有制的变革看作是消灭阶级的基础和基本标志，同时又不能把消灭阶级简单地机械地归结为所有制的解决。因为阶级不同于一般的机械物，只要我们把它的关键部件拿掉，整个机器就会停止活动。而阶级是由人组成的，其意识形态不会是随着阶级的消灭而被埋葬，加上国内外种种原因，阶级斗争还将长期地在一定范围内存在，在某种条件下还有可能激化。《国史稿》对反右派斗争的叙述就反映了这种情况，并且实事求是地把反右斗争的必要性和扩大化错误两方面问题都谈到了。正如邓小平所说："一九四九年到一九五七年，我们用八年时间基本上完成了农业、手工业和资本主义工商业的社会主义改造，进入社会主义。这个时候出来一股思潮，它的核心是反对社会主义，反对党的领导。有些人是杀气腾腾的啊！当时不反击这种思潮是不行的。问题出在哪里呢？问题是随着运动的发展，扩大化了，打击面宽了，打击的分量也太重。"① 这是一个全面的、实事求是的评价。因此，我们在纠正阶级斗争扩大化的时候，绝不能走向阶级斗争熄灭论的另一个极端，那样的话，后果同样是严重的。这是我们国史研究中必须正确处理和把握的一个重要问题。

第四个感受是，党的理论活动，也是国家活动的一个重要环节，并且会发生不同的影响和指导作用，因而如何妥善处理史和论的关系，是一个重要的问题。国史主要写史，又要精当地表述一定时期的理论成果，使之互相融通、史论结合，《国史稿》在这方面作了有益的探索，取得比较好的效果。

一般地说，做好史论结合是历史研究和著述都面临的一个重要问题，而这在党史、国史中表现得更加直接、更加重要。这里试举一个例子，来说明深入理解和把握党的理论的重要性。1993 年纪念

① 《邓小平文选》第 2 卷，人民出版社 1994 年版，第 243 页。

毛泽东百年诞辰的时候，胡绳在《毛泽东一生所做的两件大事》一文中提出了一个很有见地的看法：在1956年，当我们党在已经发现苏联模式的弊端及其不完全适合中国国情之后，如果不是另辟蹊径去探索自己的建设道路，而是亦步亦趋地跟着苏联走，那不仅意味着中国会走上一条不是那么健康的社会主义道路，而且意味着中国会成为在苏联指挥棒下的一个大的“卫星国”。可以设想，当90年代初苏东剧变发生多米诺骨牌效应时，中国也将难以幸免。这虽是一个假设，但却是以历史经验为依据的符合历史发展逻辑的假设。这个看法无疑是深刻的，但这个看法还须要进一步深化。如果说另辟蹊径就可能避免后来的厄运，而事实上当年另辟蹊径的并非中国一家。拿经济体制来说，当时除了苏联的以高度中央集权为特征的计划经济体制外，还有南斯拉夫的自治经济体制，匈牙利的计划加市场经济体制，这些国家在苏联解体时也全都覆没。而中国在提出走自己的建设道路的任务之后，其间又曾经历过像“大跃进”、“文化大革命”这样大的震荡，却始终坚持了社会主义的发展方向。这又是怎么一回事呢?

这确实是值得认真思考的一个问题。应当指出，毛泽东在领导中国革命和建设的历史进程中，特别是在历史转折的重要关头，总是十分重视并善于进行理论思考和理论建设，用正确的思想理论武装全党，指导历史前进。这可以说是毛泽东领导艺术的一大特色，也是他作为政治家的特有智慧的一个表现。1956年，是我国进入社会主义社会的具有重要历史意义的一年，又是国际上的多事之秋。在这种情势下，如何建设社会主义就成为一个崭新的历史课题。毛泽东在深刻总结国内和国际的历史经验的基础上，果断地提出要探索自己的建设道路的任务，并围绕这一历史性课题回答了历史和现实的、国际和国内的一系列重大问题，从而为走自己的建设道路奠立了坚实的思想理论基础。正因为这样，我们在另辟蹊径的艰难事业中，比较能够经得住风浪，而当我们出现失误的时候也比较容易回到正确的思想上来并加以纠正，因而能够坚持正确的发展方向。应当说，这是我们党坚持走自己的建设道路而不迷失方向的一个更为深刻的原因；从一定意义上说，在这方面更具有继承性的意义。

在这一时期，毛泽东的理论思考和理想建设是多方面的，主要表现在以下三个问题上：

（一）正确对待社会主义历史和历史经验是另辟蹊径的立足点和出发点。

1956 年赫鲁晓夫在苏共二十大上作了全盘否定斯大林的秘密报告，由此引发了世界范围的反共反社会主义浪潮，国际共产主义运动受到严重冲击。为了回击帝国主义势力的进攻，捍卫马克思列宁主义和十月革命道路，中国共产党于同年 4 月和 12 月先后发表由毛泽东主持的中央政治局会议多次讨论和修改写成的《关于无产阶级专政的历史经验》和《再论无产阶级专政的历史经验》两篇文章。经过 50 多年的风风雨雨，今天回过头来看，这两篇文章的基本观点仍然能站得住脚；其所表现出来的深邃思想和历史的预见性，则已为岁月所证明。

“两论”回答了当时国际共产主义运动面临的一系列重大问题，特别是正确评价了苏联社会主义历史及其历史经验，具有极其重要的历史和现实的意义。

赫鲁晓夫全盘否定斯大林，这绝不只是对一个历史人物的评价问题，而是涉及如何看待斯大林领导的近 30 年苏联社会主义的历史问题。帝国主义正是利用赫鲁晓夫的错误做法，全面否定社会主义制度及其历史实践，恶毒攻击无产阶级专政。因而如何实事求是地评价斯大林，确是关系到社会主义的前途和命运的重大原则问题。毛泽东在 1956 年中共八大预备会议上的讲话，就针对赫鲁晓夫全盘否定斯大林的错误做法，明确指出：“任何一个民族，不可能不犯错误，何况苏联是世界上第一个社会主义国家，经历又那么长久，不发生错误是不可能的。苏联发生的错误，像斯大林的错误，它的位置是什么呢？是部分性质的，暂时性质的。”“苏联那个主流，那个主要方面，那个大多数，是正确的。俄国产生了列宁主义，经过十月革命变成了第一个社会主义国家。它建设了社会主义，打败了法西斯，变成了一个强大的工业国。”因此，“我们说过，对斯大林要三七开。他们的主要的、大量的东西，是好的，有用的；部分的东西是错误的。”[①] 这样具体的、全面的分析，分清了事物的主流和支流，是符合历史实际的，也是有说服力的。“两论”进一步分析了斯大林的错误在他的一生及他所领导的苏联社会主义历史中的位置，指出，“斯大林尽管在后期犯了一些严重的错误，他的一生乃是伟大的马克思主义革命家的一生。”“从整个说来，斯大林始终是站在历史潮流前面指导斗争的，他是帝国主义的不可调和的敌人。甚至在他犯错误的时候，他的悲剧也在于，他相信那是捍卫劳动者的利益不受敌人侵害所必需的。”文章深入分析了斯大林在苏联的内外政策方面所犯的严重错误及其危害，同时又客观地指出，这是共产主义者在工作中的错误，是共产主义队伍内部的是非问题，因而不应该用对待敌人的态度来对待自己同志的错误。文章针对当时一些人大反所谓“斯大林主义”的错误做法，严肃指出：“共产主义者采取这种说法是极端有害的。”“如果一定要说什么斯大林主义的话，就只能说，首先它是共产主义，是马克思列宁主义，这是主要的一面，其次它包含一些极为严重的、必须彻底纠正的、违反马克思列宁主义的错误。”而所谓“非斯大林主义化”，实质上就是非马克思主义化，这是十分有害的。事实表明，只有采取客观的分析的态度，才能正确地认识和对待斯大林错误及与其相关的社会主义历史问题，也才能捍卫我们应当捍卫的原则。

在1956年国际上反共反社会主义的浪潮中，还涉及如何看待苏联社会主义革命和建设的经验问题，也就是说，十月革命的道路还灵不灵？这是同如何看待社会主义历史紧密相关的，必须给予正确回答的一个重大问题。文章指出：“关于苏联的革命和建设的经

① 《毛泽东文集》第7卷，人民出版社1999年版，第91页。

验，就它们的国际意义说，有几种不同的情况。在苏联的成功的经验中，一部分具有基本的性质，在人类历史的现阶段具有普遍意义。这是苏联经验中的首要和基本的方面。另一部分不具有这种普遍意义。此外，苏联还有一些错误的、失败的经验。”文章概括了苏联革命和建设的基本经验，这主要是：（1）无产阶级的先进分子组织成为共产主义的政党，它要以马克思列宁主义为指导，坚持民主集中制和群众路线；（2）无产阶级在共产党领导之下，联合劳动人民，经过革命斗争从资产阶级手里取得政权；（3）在革命胜利以后，无产阶级在共产党领导之下，以工农联盟为基础，联合广大的人民群众，建立无产阶级专政，实现工业的国有化，逐步实现农业的集体化，从而消灭剥削阶级，消灭阶级；（4）无产阶级和共产党领导的国家，领导人民群众有计划地发展社会主义经济和社会主义文化，逐步地提高人民群众的生活水平；（5）无产阶级和共产党领导的国家，坚持反对帝国主义侵略，承认各民族平等，维护世界和平，坚持无产阶级国际主义的原则，努力取得各国劳动人民的援助，并且努力援助各国劳动人民和被压迫民族。文章指明这是反映十月革命道路的，具有普遍意义的基本经验，这“在目前的国际形势下具有特别重大意义”。上述这种区分，为我们回答十月革命道路还灵不灵提供了一个科学的方法，同时也指明了应如何正确对待苏联的经验。“苏联的全部经验，包括某些错误和失败的经验在内，都值得我们认真地加以研究，而它的成功的基本经验尤其重要。”这就是说要取分析的态度，重要的是要从本国的实际出发运用这些基本经验。

上述表明，正确对待社会主义的历史和历史经验，是坚持和发展社会主义的立足点和出发点。“两论”所阐述的基本思想，对于我们树立正确的历史观和方法论具有深远的意义，它对我们党在探索自己的建设道路及后来拨乱反正、改革开放的事业中，能够正确处理继承与发展的关系，始终坚持社会主义的发展方向，都产生了积极的影响作用。

（二）以苏联为鉴戒，初步地为我国社会主义的改革指明了方向。

1956 年，在我国进入社会主义社会这一历史转变的关键时刻，毛泽东及时提出探索社会主义建设新道路的任务。应当指出，毛泽东对适合中国国情的社会主义建设道路的思考，是同如何鉴戒苏联的经验相联系的。正是通过对我国社会主义建设实践经验的总结和对斯大林所犯错误的深入思考，并在大量的调查研究的基础上，毛泽东作了《论十大关系》的重要报告。《论十大关系》对我国的社会主义建设和改革具有长远的指导作用，这不仅表现在以此为起点的探索已涉及经济、政治和文化等领域，并开始触及体制方面的改革，达到一定的深度；而更重要的是体现其中的基本精神，这主要表现在以下三个方面：第一，紧紧把握探索的主题，是要找到一条适合中国国情的自己的建设道路，这是关系到改革的正确方向。毛泽东从中国是一个大农业国的实际出发，以正确处理农、轻、重关系来确定一条中国工业化的道路，就在这方面提供了一个范例。第二，关键要正确处理坚持独立自主和学习外国的关系。毛泽东是在探索自己的建设道路时，提出了向外国学习的口号，并且说提出这个口号是要有一点勇气的，所以这样，不仅是要放下大国的架子，强调一万年都要学习，而且主要是向西方发达国家学习。但这种学习绝不是照搬照抄，要学习对我们有用的东西，坚决抵制腐朽的东西；学习外国要重在消化、吸收，把外国的东西和中国的东西结合起来，创造有中国特色的新的东西；在向外国学习中要把民族自尊心和自信心发扬起来。这些思想对今天来说是非常重要的，有很强的针对性的。第三，中心是反对教条主义。党的七大在确定毛泽东思想作为党的一切工作指针时，明确提出要“反对任何教条主义的或经验主义的偏向”，其中主要是反对教条主义。七大提出要反对任何教条主义，对我们今天仍具有非常重要的现实意义。在新的历史时期，随着真理标准的讨论和改革开放的全面展开，对马克思主义采取教条主义的影响已日益缩小，而由于种种主客观的原因，使得那种对西方的迷信，对西方思想理论的教条主义的影响正呈上升态势。他们企图用西方的思想理论和价值观念消解我们的主流意识形态，用新自由主义来影响和误导我们的改革，这对我们的事业有很大的腐蚀力和破坏力，是值得我们严重注意的。这些思想对今天来说是非常重要的，有很强的针对性的。

（三）阐明社会基本矛盾理论，为巩固和发展社会主义提供了坚实的理论基础。

1956 年，当社会主义制度在我国确立之后，党和国家面临着如何巩固、完善和发展社会主义制度，即关系到国家的治理和社会走向这一根本性问题。在这历史发展的关键时刻，毛泽东以其特有的敏锐和深刻的哲学思维，运用对立统一规律深入总结实践中社会主义的历史经验，观察和分析社会主义社会各种复杂的矛盾，创造性地提出社会主义社会基本矛盾学说，深刻揭示社会主义社会存在着两类不同性质的矛盾，并且把正确处理人民内部矛盾作为国家政治生活的主题。这些理论观点，集中体现在毛泽东于 1957 年 6 月发表的《关于正确处理人民内部矛盾的问题》一文及相关的一系列讲话中。它从哲学的高度回答了时代面临的重大课题，是我们党对“什么是社会主义，怎样建设社会主义”这一历史课题最早的、又是非常重要的理论上的探索和回答，它对于巩固和发展社会主义奠定了极为重要的理论基础。

毛泽东关于社会主义基本矛盾的学说，是对马克思主义的唯物史观和国家学说的丰富和发展，是对科学社会主义理论的重要贡献。社会基本矛盾原理是马克思主义唯物史观的基石。马克思在《〈政治经济学批判〉序言》中，根据他对人类社会的演进和繁纷复杂的社会现象的长期研究，指明了推动社会发展的具有决定作用的基本矛盾，他写道：“社会的物质生产力发展到一定阶段，便同它们一直在其中运动的现存生产关系或财产关系（这只是生产关系的法律用语）发生矛盾。于是这些关系便由生产力的发展形式变成生产力的桎梏。那时社会革命的时代就到来了。随着经济基础的变更，全部庞大的上层建筑也或慢或快地发生变革。”① 虽然他在这里没有使用“基本矛盾”这一概念，但实际上已指明生产力和生产关系、经济基础和上层建筑这两种基本的矛盾是社会发展动力这一唯物史观的基本原理。后来恩格斯在《社会主义从空想到科学的发展》一文中，曾明确使用过基本矛盾这一概念，他指出：社会化生产与资本主义占有制之间的矛盾，“这就是产生现代社会的一切矛盾的基本矛盾，现代社会就在这一切矛盾中运动，而大工业把它们明显地暴露出来了。”② 列宁也是在这个层面上提出社会基本矛盾的问题，他在《评经济浪漫主义》一文中讨论资本主义经济危机的成因时指出：“因为危机是由现代经济制度中另一个更深刻的基本矛盾，即生产的社会性和占有的私人性之间的矛盾引起的。③” 他们这个深刻的理论观点，反映了整个人类社会都是建立在社会生产的基础之上，一切社会的运动和社会的面貌归根到底都是由生产力和生产关系之间的矛盾决定的。但社会现象是极其复杂的，这个概括还不能反映整个资本主义社会运动的全部特点，还没有涵盖上层建筑和经济基础这样人类社会的另一个基本矛盾，因为有一部分社会矛盾是由这个基本矛盾产生的。因而，毛泽东的理论贡献，是在马克思主义哲学史上，第一次把经典作家发现的生产力和生产关系、经济基础和上层建筑这两种矛盾规定为社会基本矛盾，并认定这种社会矛盾贯穿于人类社会发展的全过程。他具体分析了社会主义社会的各种特殊矛盾及其相互关系，这个分析涉及中国社会的经济、政治、文化及社会生活各个领域里的矛盾，包括敌我矛盾和人民内部矛盾，指明这些矛盾同以往社会一样，都是受社会基本矛盾所规定和制约的。他由此作出了一个重要论断：

---

① 《马克思恩格斯选集》第 2 卷，人民出版社 1995 年版，第 32—33 页。

② 《马克思恩格斯选集》第 3 卷，人民出版社 1995 年版，第 758—759 页。

③ 《列宁全集》第 2 卷，人民出版社 1984 年版，第 137 页。

“在社会主义社会中，基本的矛盾仍然是生产关系和生产力之间的矛盾，上层建筑和经济基础之间的矛盾。”毛泽东正是从对社会主义社会特殊矛盾的分析中，得出社会主义社会仍然存在着这两种社会基本矛盾，这是他对科学社会主义理论的重要贡献，对巩固和发展社会主义有重要的现实指导意义。第一，指明矛盾是社会主义社会的动力，“正是这些矛盾推动着我们的社会向前发展”，使我们在社会矛盾面前处于主动地位。第二，指明了社会主义社会基本矛盾的特点：就其基本方面来说是相适应的，这就为发展社会生产力、以经济建设为中心任务奠定了理论基础；也还存在不相适应的方面，但这是非基本的方面，因而可以依靠社会主义制度本身加以解决，这就为通过调整和改革来完善社会主义制度奠定了理论基础。第三，指出社会主义社会基本矛盾表现在人与人的关系上，存在着敌我矛盾和人民内部矛盾这样两种不同性质的矛盾，并强调大量的、主要的是人民内部矛盾，因而正确处理人民内部矛盾成为政治生活的主题，这就为社会主义民主建设奠定了理论基础。

综上所述，表明在50年代中期党和毛泽东进行的一系列理论思考和理论工作，对于我们另辟蹊径、走自己的建设道路，纠正在前进中出现的自身的失误，使之沿着健康而正确的方向发展，都起了重要的指导和保证作用。历史和现实告诉我们，社会主义改革和创新是一项伟大而艰巨的事业，只有始终坚持马克思主义的指导，善于依据现实提出的问题进行理论思考，才能正确地指导现实，预见未来，保证航向的正确。这使我感受到作为国史研究者，虽然在史书中对理论不能像理论著述那样展开来叙述，但必须深入领会和把握党的理论，才有可能写出更好的国史。

第五个感受是，这部《国史稿》在叙述历史的进程时比较注重总结和体现历史经验，努力发挥国史的镜鉴作用。

我们党是在自觉地总结正反两方面经验中不断走向成熟的，是保持党的路线方针正确性的重要途径。早在改革开放之初，邓小平就指出："把马克思主义的普遍真理同我国的具体实际结合起来，走自己的道路，建设有中国特色的社会主义，这就是我们总结长期历史经验得出的基本结论。"① 正是按照这样一条思想路线，开创了改革开放和现代化建设的新局面，走出了一条中国特色社会主义的道路。邓小平作为改革开放的总设计师，他的理论和实践活动的一个显著特点，就是始终贯穿着"解放思想、实事求是"的思想路线，善于总结实践中的经验，勇于开拓创新，不断地把改革开放和现代化建设事业推向前进。应当说，自 20 世纪 80 年代以来，国际社会主义运动遭受到越来越严重的挫折，一切正直的共产党人都对社会主义命运和前途进行深刻反思。在这样一个严峻的历史条件下，邓小平的理论和实践活动的出发点和归宿，就是坚持和发展社会主义，继毛泽东之后继续探索和完善中国特色的社会主义。他把总结历史和现实的经验教训并依据中国的国情作为自己的理论与实践活动的坚实基础，力排来自"左"的和右的方面的干扰，既正确把握历史发展的方向，坚持只有社会主义才能救中国，才能发展中国，同时又从社会主义初级阶段这个最大的实际出发，制定出符合现阶段生产力发展要求的方针政策。这个重要思想，充分体现在"一个中心，两个基本点"的基本路线上。这是邓小平在总结正反两方面历史经验的基础上确立的正确的指导原则。邓小平十分注重国际和国内的历史经验，同时又倡导要不断总结实践中的新鲜经验。在确定新时期我国建设事业的发展战略和奋斗目标时，他具有宏伟的魄力与坚定必胜的气势，而在指导作风上又是严谨慎重、深思熟虑的。他不止一次地指出：我们对自己的发展充满信心，"但在具体事情上要小心，要及时总结经验。我们每走一步都要总结经验，哪些事进度要快一点，哪些要慢一点，哪些还要收一收，没有这条是不行的，不能蛮干。"② 又说："我们的政策是坚定不移的，

① 《邓小平文选》第 3 卷，人民出版社 1993 年版，第 3 页。
② 《邓小平文选》第 3 卷，人民出版社 1993 年版，第 219 页。

不会动摇的，一直要干下去，重要的是走一段就要总结经验。”在他看来，改革本身是一个试验和探索，“这中间一定还会犯错误，还会出问题。关键是要善于总结经验，哪一步走得不妥当的，就赶快改。”[①]《国史稿》在记述改革开放新时期的历史中同样贯彻了这种精神，既充分肯定历史转折时期取得的重大成就，也通过诸如以调整为主的八字方针的贯彻、反对精神污染斗争等章节，总结了经济、思想领域的新的经验教训，对我们今后的工作是很有意义的。那种把反思（总结）改革说成是反对改革的观点，是直接违背邓小平的上述思想，是“文化大革命”中那种极左思维的翻版：当时是把不同意见说成是“反对革命”，现在是改成“反对改革”。正是这种形而上学的思想方法把极左思潮和极右思潮沟通起来，一些人也在这两个极端跳来跳去。作为国史研究者必须坚持实事求是的精神，善于在总结历史经验中发挥历史的社会功能。实事求是，按陈云的要求就是要讲真话，要把心摆得非常正，没有个人私心。对我们来说，就是要坚定地站在人民事业的立场上，发扬好一个史学工作者应有的史德、史识、史胆的优良传统。

---

① 《邓小平文选》第3卷，人民出版社1993年版，第113页。

从苏联向资本主义演变的教训来看国史研究

中国人民大学教授、博士生导师　周新城

从彭真的一段话说起

苏联解体后不久，1994年1月，我国老一辈无产阶级革命家彭真同志提出，要认真总结苏联向资本主义演变的教训，研究中华人民共和国史。他说：

> 我在医院考虑一个问题，即需要好好研究苏联的历史、中华人民共和国的历史，研究两国的变化。
>
> 社会主义社会不是一个独立的社会形态，是共产主义的低级阶段，是一个变化中的社会。所以，社会主义建设一定要以共产主义为灵魂，为总纲。纲举目张。我们的最终目的是为了实现共产主义，这是写进党章的。抓住这一点，社会主义建设就可以搞得好一些，放弃了这一点，就要演变。苏联、东欧都是如此。中国所以还能够支撑，就在于还没有放弃这一点。抓住了这一点，就不会"左"右摇摆，即使摇摆也不会太大。放弃了，就不知道摇摆到哪儿去了。苏东不就是这样吗？
>
> 进入社会主义怎么走？苏联搞了七十年又变了。中国近

半个世纪了。怎么搞法？毛主席讲了一些，我们也讲了一些，还没想清楚。从毛主席开始一直到现在，还没有综合起来进行研究。

对此，马克思没有讲很多，写《哥达纲领批判》是被迫的，到现在还是个纲领。列宁搞社会主义建设时间很短。我们的《两论》提出对斯大林的功过要三七开。这是公道的。现在看，我们评论的正确性越来越清楚。苏联乱，是从赫鲁晓夫开始的。现在搞的，实质上还是赫鲁晓夫所主张的那一套，不过是恶性发展罢了。

列宁主义倒不了，斯大林七成还是七成。[①]

彭真同志实际上提出了一个事关社会主义发展前途的重要原则问题。社会主义是一个不断变化的社会。恩格斯早在1890年就指出，社会主义社会不是一种一成不变的东西，而是“经常变化和改革的社会”。[②] 关键是怎么变、朝什么方向变？如果坚持共产主义理想，引导社会主义朝着共产主义方向前进，那么即使发生一些摇摆，出现一些失误，经过认真总结经验，总是可以纠正的，不会垮台，因为总的趋势是符合社会发展规律要求的；如果放弃了共产主义理想，抛弃了马克思主义基本原则，那就同社会发展规律背道而驰了，如果这样，共产党必然要变质、垮台，社会主义向资本主义演变也就是不可避免的了。苏联的问题是，从赫鲁晓夫开始，提出了一系列背离马克思主义的修正主义观点，到戈尔巴乔夫时期，恶性发展，形成了一整套修正主义的理论和路线，即人道的民主社会主义思想和路线，结果造成了亡党亡国的悲剧。彭真这一论断，高

① 1994年，92岁高龄的彭真同志找有林同志谈怎样研究国史。这是有林同志当时的一份记录（这份记录，曾当面经彭真同志审阅）。2010年我在协助有林同志统改《中华人民共和国史稿》时，有幸读到这份记录。此记录收入《彭真年谱》时略有删节。

② 《马克思恩格斯选集》第4卷，人民出版社1995年版，第693页。

屋建瓴，不去纠缠种种细节，而是从历史发展趋势上分析问题，给人以启迪。

社会主义社会客观上存在着两种前途与思潮的较量。一种是坚持社会主义道路，朝着共产主义方向前进；另一种是走资本主义道路，或者换个名称，叫作民主社会主义道路。要想停留在原地、保持原状，不发生变化，那是做不到的。“树欲静而风不止”，这是不以人们意志为转移的。改革开放以来不断涌现的反马克思主义思潮，诸如新自由主义、民主社会主义、“普世价值”、历史虚无主义、“宪政民主”等等，就是想把我国的社会主义社会拉到资本主义化的道路上去。这些思潮的说法不一样，词藻不断翻新，但政治目的是一样的，无非是：政治上推翻共产党的领导，要求实行多党制，否定无产阶级专政，要求实行资本主义宪政民主；经济上反对公有制的主体地位，要求实行私有化；思想上反对马克思主义为指导，要求让资产阶级思想占据指导地位。在这些反马克思主义思潮轮番进攻面前，如果没有坚定的共产主义信念，就会自觉不自觉地接受这些思潮的影响，在实践中自发地往资本主义化方向走。这种危险是客观存在的。

事情正如彭真分析的那样。我们把我国 1979 年十一届三中全会前后同苏联 1985 年戈尔巴乔夫上台时的情况作一比较吧。那时中苏两国都面临着种种困难和问题，都需要改革。相对来说，我国存在的矛盾和问题要比苏联更为严重一些。经过十年“文化大革命”的浩劫，我国国内问题成山。经济长期停滞不前，人民生活得不到改善，政治上林彪、“四人帮”制造的冤假错案众多，矛盾尖锐。1976 年的“四五”天安门事件，一定程度上就是这些积累的矛盾的总爆发。而苏联存在的问题则要轻得多。经济虽然增长速度下降，但每年仍增长 5%—6%，工资定期增加，人民基本生活有保障，政局比较稳定。但随后两国朝着两个相反的方向进行改革：中国共产党坚持社会主义道路，把马克思主义基本原理同中国实际相结合，创立了中国特色社会主义理论体系，按照完善社会主义制度的方向进行改革，不仅克服了困难，而且出现了经济繁荣、政治稳定、社会安定的欣欣向荣的局面，在苏东剧变、世界社会主义跌入低潮的情况下，使社会主义红旗依然屹立在东方。近年来，在世界金融危机的背景下，我国一枝独秀，仍保持了较高的增长速度，显示出了社会主义制度的优越性，吸引着世界人民的目光。而苏联却在戈尔巴乔夫领导下，走了另外一条道路。他们抛弃马克思列宁主义，否定共产主义理想，提出一条修正主义路线，即人道的民主社会主义路线，把作若干改良的资本主义制度作为奋斗目标，按照人道的民主社会主义路线进行改革，短短六年时间，就把党和国家引上歧途，最后在敌对势力的进逼下步步退让，拱手让权，落得个苏共解散、苏联解体这样的亡党亡国的悲惨结局。

两国发展情况的比较，可以看到，有没有马克思主义的信念，有没有共产主义的理想，这是决定性的问题。方向、路线错了，一切皆错。问题并不在于有没有困难和矛盾。社会主义是一个崭新的制度，没有现成的经验可以搬用，必须在探索中前进，探索就不可能不犯错误。怎么搞社会主义，我们探索了六十年，取得了一些规律性的认识，但老实说，至今也还没有完全搞清楚。因为人的认识总是不可能同客观世界完全一致的，对于客观世界的运动来说，人们的认识只能尽可能地反映它，而很难穷尽它。社会主义事业在不断发展，一个问题解决了，又会产生新的问题。社会主义社会也是充满矛盾，也是在矛盾的运动中发展的。这是事物存在和发展的辩证法。因此，客观地说，建设社会主义犯一些错误总是难免的。要想找到一种完美无缺、一点毛病都没有的社会主义模式，恐怕是空想。在社会主义的发展中不可避免会产生摇摆，会出现各种困难和问题，关键在于，怎样对待和处理这些问题和矛盾。坚持正确的方向，有一条正确的路线，就可以克服这些困难、解决这些矛盾，把社会主义事业推向前进。即使犯了像“文化大革命”这样的带全局性的错误，我们也可以依靠自己的力量来解决。但是，如果方向错了，路线错了，问题就会越来越严重，矛盾会越积累越多，由量的积累演变为质的变化，最终会导致垮台的。

党的十八大强调要加强党员的理想信念教育，使党员树立坚定的理想信念，坚守共产党人的精神追求。“对马克思主义的信仰，对社会主义和共产主义的信念，是共产党人的政治灵魂，是共产党人经受住任何考验的精神支柱。要抓住思想理论建设这个根本，教育引导党员、干部矢志不渝为中国特色社会主义共同理想而奋斗。”① 这是一件事关社会主义前途命运的大事。

具体说来，从苏联向资本主义演变的教训中，我们研究中华人民共和国史，应该考虑哪些问题呢？大体上有以下几个问题。

社会主义国家仍然存在资本主义复辟的危险

在苏联，生产资料所有制社会主义改造完成以后，就宣布阶级消灭了，阶级矛盾和阶级斗争也不再存在了，社会主义在各个领域都取得了决定性的胜利，社会主义同资本主义两条道路的斗争已经一劳永逸地解决了。社会主义社会是完美无缺的，矛盾也消失了，推动社会主义社会向前发展的，是政治上、道义上的一致，因而资本主义制度已经不可能再在社会主义国家里复辟了。这显然是一种形而上学的观点，违反辩证法的，然而却曾在国际共产主义运动中占统治地位。当时人们对社会主义的前途和命运持一种过于乐观的情绪，对资本主义复辟的可能性缺乏应有的警惕。

毛泽东用彻底的唯物辩证法观察社会主义社会，指出社会主义仍然存在矛盾。他赞成列宁的提法：“在社会主义下，对抗将会消失，矛盾仍将存在。”② 只是矛盾的性质和状态同资本主义条件下不

① 胡锦涛：《坚定不移沿着中国特色社会主义道路前进，为全面建成小康社会而奋斗》，《中国共产党第十八次全国代表大会文件汇编》，人民出版社 2012 年版，第 46 页。

② 《列宁全集》第 60 卷，人民出版社 1990 年版，第 282 页。

一样罢了。社会主义社会大量的是人民内部矛盾，但也存在敌我矛盾。对这些矛盾处理不好，资本主义复辟仍然是有可能的。苏联出现以赫鲁晓夫为代表的修正主义思想，这本身就是国内外阶级矛盾在共产党内部的反映。毛泽东敏锐地觉察到，按照赫鲁晓夫这条路线走下去，苏联的社会主义制度有可能演变成为资本主义制度。他深切地感到了这种危险，明确地提出了反修防修、防止资本主义复辟的任务。对此，当时国际共产主义运动中许多人是不理解的，甚至加以嘲笑。然而过了五十年左右时间，随着赫鲁晓夫的修正主义思想发展成为戈尔巴乔夫的人道的民主社会主义，在这条路线的指引下，苏联政局发生剧变，社会制度很快由社会主义演变成为资本主义，造成了亡党亡国的悲剧，毛泽东的预言不幸而言中。苏东剧变以后，人们恐怕很难否认社会主义国家里还存在资本主义复辟的危险性了吧！而我们党正是由于广泛地对党员、干部和人民群众进行了这方面的教育，才能够在苏联东欧国家的社会主义制度像雪崩那样一个一个接连倒下去的巨大冲击面前，仍然坚持社会主义道路，使得社会主义红旗傲然屹立在世界的东方。这是毛泽东防止资本主义复辟的思想的积极成果。

谈到毛泽东的反修防修、防止资本主义复辟的思想，人们很容易联想到我国的“文化大革命”。“文化大革命”使得国家和人民遭到建国以来最严重的挫折和损失，因而理所当然地要予以否定。毫无疑问，“文化大革命”的发动，同毛泽东提出的反修防修、防止资本主义复辟的思想有着直接的关系。有人因此就怀疑毛泽东的防止资本主义复辟的思想的正确性。问题在于，“文化大革命”错在哪里？我们党的十一届六中全会的决议详细分析了“文化大革命”的错误。这些错误归结起来主要是三条：一是指导思想是错误的。错误地认为阶级斗争是社会主要矛盾，并把这一指导思想错误地发展成为“无产阶级专政下继续革命”理论。二是对我国当时的阶级斗争形势估计过于严重，认为一大批资产阶级代表人物、反革命的修正主义分子，已经混进党里、政府里、军队里和文化领域的各界里，相当大的一个多数单位的领导权已经不在马克思主义者和人民群众手里，党内已经形成了一个资产阶级司令部。三是解决问题的方法是错误的，采取怀疑一切、打倒一切的做法，既脱离了党的组织，又脱离了广大群众，党的各级组织普遍受到冲击并陷于瘫痪、半瘫痪状态，各级领导干部普遍受到批判和斗争，给一些阴谋分子、野心家以可乘之机，造成了全面内战。然而这不等于说毛泽东提出的在社会主义国家里必须防止资本主义复辟的思想是错误的。恰恰相反，苏东剧变证明了毛泽东关于防止资本主义复辟的思想具有战略意义，是富有远见的，绝不能因为“文化大革命”的错误而予以否定。对这个问题应该作科学的分析，切忌把脏水同孩子一起泼掉。

薄一波同志曾经指出：如果实事求是地对“文化大革命”进行具体分析，“就可以清楚地看到，毛主席当时提出这些问题的出发点是好的，他的这一战略思想有不少重要之处，至今仍不失深远意义，这是应该肯定的；同时也可以清楚地看到，毛主席对当时形势的估计有重大失误之处，由此带来的许多做法则是应该加以抛弃的。”① 这一分析是科学的、实事求是的。

事实证明，在现实生活中，社会主义国家里客观上存在着敌对势力颠覆无产阶级政权、复辟资本主义的危险性。这是因为，第一，在社会主义国家里，即使生产资料所有制社会主义改造完成、基本上消灭了剥削制度以后，阶级斗争尽管已不是主要矛盾，但仍将在一定范围内长期存在，在一定条件下还会激化。敌对势力还会利用一切机会、尽一切努力制造政治动乱，推翻社会主义政权。近年来出现的《零八宪章》这一类颠覆我国人民民主专政的纲领，就是一个证明。第二，更重要的是，由于在历史发展的实际进程中，社会主义革命是在一个或几个经济文化比较落后的国家里首先发生

① 薄一波：《若干重大决策与事件的回顾》下卷，中共中央党校出版社 1993 年版，第 1137 页。

的，在相当长的一段历史时期里，世界上出现社会主义与资本主义并存的局面，而且资本主义在经济上、科技上、政治上、军事上乃至意识形态上处于优势，社会主义国家是在被资本主义包围的环境下存在和发展的。国际垄断资产阶级出于阶级本性，总是想推翻社会主义制度，处心积虑地要恢复资本主义的一统天下。这种态势客观地决定了，社会主义国家在相当长一段历史时期里存在着资本主义复辟的危险。也许只有到了国际上阶级斗争的力量对比发生根本性的变化、社会主义拥有相对于资本主义的绝对优势时，这种危险才会从根本上消除。对于这种客观存在的形势，我们在十年论战中已经有了清醒的认识，这无疑是正确的。

科学地评价革命领袖的功过是事关社会主义前途命运的原则问题

大家知道，在苏共第二十次代表大会上，赫鲁晓夫作了一个全盘否定斯大林的秘密报告。毛泽东知道这一消息后，立即指出，这个秘密报告值得认真研究，特别是它所涉及的问题及其在全世界的影响。现在全世界都在议论，我们也要议论。至少可以指出两点，一是他揭了盖子，一是他捅了娄子。说他揭了盖子，就是讲，他的秘密报告表明，苏联、苏共、斯大林并不是一切都是正确的，这就破除了迷信。说他捅了娄子，就是讲，他作的这个秘密报告，无论在内容上或方法上，都有严重错误。根据毛泽东的意见，中央政治局扩大会议经过讨论，以《人民日报》编辑部的名义发表了《关于无产阶级专政的历史经验》一文，后来又写了《再论无产阶级专政的历史经验》（简称《一论》、《再论》），全面评价了斯大林的功过是非，批评了赫鲁晓夫的秘密报告。这成为中苏两党分歧的由来。

为什么毛泽东那么重视斯大林问题呢？在我国革命的历史上，斯大林的某些决策曾经伤害过我们党，为什么在赫鲁晓夫全盘否定斯大林的时候，我们还要挺身而出，来捍卫斯大林呢？

这是因为斯大林问题不仅仅是对斯大林个人的评价，而且关系到对苏联社会主义制度以至整个国际共产主义运动的一段历史的评价。在列宁逝世以后的30年时间里，斯大林是苏联共产党和苏联政府的主要领导人，也是国际共产主义运动公认的领袖、世界革命的旗手。斯大林的一生中，犯过某些严重的错误，但是，这些错误同他的伟大功绩相比较，毕竟是第二位的。科学地评价斯大林，肯定斯大林的正确的方面（这是他一生的主要方面），也就是捍卫社会主义，捍卫国际共产主义运动。所以，我们党强调，赫鲁晓夫的秘密报告，全盘否定斯大林，丑化了无产阶级专政，丑化了社会主义制度，丑化了伟大的苏联共产党，丑化了伟大的苏联，也丑化了国际共产主义运动。在斯大林问题上，我们党完全撇开了历史上个别事件的恩恩怨怨，而是从世界无产阶级的根本利益出发，从整个国际共产主义运动发展的战略高度，来批评赫鲁晓夫的秘密报告的。

如果把事情放到国际背景来考察，我们可以看到，在世界社会主义和资本主义两大阵营对立的情况下，赫鲁晓夫全盘否定斯大林，完全是适应了帝国主义的需要。正如毛泽东指出的："把斯大林丑化，除了其他原因以外，一个重要原因是，斯大林坚决同帝国主义斗争。他们把自己和斯大林区别开来，是要得到帝国主义的赏识。"赫鲁晓夫是"自己擦脂抹粉，送上门去"的。[①]

赫鲁晓夫全盘否定斯大林的后果，在当时就已经显示出来了：由于否定斯大林引发的对马克思主义和社会主义信念的动摇，一时间世界上反共反社会主义势力猖獗，导致社会主义阵营发生匈牙利事件，资本主义国家的共产党有三分之一的党员退党。戈尔巴乔夫上台后，继承赫鲁晓夫的衣钵，把否定斯大林作为他推行人道的民

① 《毛泽东读社会主义政治经济学批注和谈话》，中华人民共和国国史学会印，1998年，第797页。

主社会主义路线的突破口，提出要“彻底抛弃斯大林模式”，“粉碎斯大林主义意识形态及其有关的一切东西”，“告别过去”，“根本改造整个社会：从经济基础到上层建筑”，“形象地说，要炸毁过去的一切”，等等。这次否定斯大林的严重后果是众所周知的了：政局急剧动荡，苏维埃政权遭到颠覆，社会制度迅速由社会主义演变为资本主义，最后以苏共被解散、苏联被解体这样的亡党亡国的悲惨结局而告终。

苏联共产党从赫鲁晓夫到戈尔巴乔夫这样一段历史表明，如何评价无产阶级革命领袖，的确是事关社会主义前途和命运的原则问题，当时我们党和毛泽东抓住斯大林问题同赫鲁晓夫展开辩论，并不是说了一些没有意义的空话，而是具有战略意义的。

清代思想家龚自珍说过一句名言：“欲灭其国，必先去其史。”推翻一个政权，必须先要否定这个政权的历史，把它妖魔化，而要做到这一点，丑化这个国家的领袖是最便捷的途径。敌视社会主义的势力是深谙此道的。在我国，敌对势力千方百计诬蔑、攻击毛泽东，也是这种手法的表现。他们反对毛泽东，并不仅仅是反对他个人，而是反对他开创的中国社会主义道路，以便转而“向英美学习”，“回到人类文明的正道”，即恢复资本主义制度。我们党是成熟的政党，一眼就看穿了这种图谋。邓小平在“文化大革命”结束以后，针对国内出现的一股否定毛泽东和毛泽东思想的思潮，旗帜鲜明地提出，要正确评价毛泽东，坚持和发展毛泽东思想，不仅今天，而且今后，我们都要高举毛泽东思想的旗帜，并把这一点写进了十一届六中全会的《关于建国以来党的若干历史问题的决议》，这就从根本上粉碎了敌对势力的阴谋，保证了我国政局的稳定，并为改革开放奠定了理论基础、创造了政治前提。这是邓小平的伟大历史功绩之一。如果当时我们让这股否定毛泽东和毛泽东思想的思潮泛滥开来，势必造成思想混乱、政局动荡，社会主义道路无法坚持，作为社会主义制度自我完善的改革开放更是无从谈起！

意识形态领域是防止资本主义复辟的前哨阵地

在社会主义国家里，无产阶级与资产阶级的斗争，核心是政权问题。敌对势力要实现资本主义的复辟，必须夺取政权，然后才能利用政权的力量，恢复资本主义的政治经济制度。然而要夺取政权，必须先做意识形态工作。道理很简单，在共产党执政的社会主义条件下，如果马克思主义居于指导地位，党内以及整个社会有统一的社会主义的理想和信念、统一的社会主义的价值观念，那么任何政治势力都不可能从无产阶级手里夺取政权的。只有把思想搞乱了，整个社会，尤其是党内丧失了对马克思主义和社会主义的信念，那么党组织也就瘫痪了，丧失了战斗力，这样敌对势力就可以顺利地夺取政权。所以，意识形态领域是共产党同敌对势力斗争的前哨阵地，也是敌对势力复辟资本主义制度的突破口。毛泽东指出：凡是要夺取一个政权，总是先制造舆论，做意识形态工作，革命的阶级是这样，反革命阶级也是这样。这是一个带规律性的现象，苏东剧变的过程充分证明了这一点。

我国改革开放以来一度存在一种倾向，即只重视经济工作，忽视意识形态领域的斗争，仿佛只要把经济搞上去了，无产阶级政权就自然而然地巩固了。毫无疑问，经济工作是十分重要的，只有把经济搞好了，生活得到改善，人民才会拥护社会主义，这是社会主义制度得以巩固的基础。但是，对于社会主义国家来说，仅仅把经济搞上去是不够的。苏联在社会主义经济建设中取得了巨大成就，在不到七十年时间里，在发展经济的环境十分恶劣的条件下，从一个工农业生产极其落后的国家一跃而成为世界上仅次于美国的两个超级大国之一，成绩是有目共睹的。这一点，连一贯反共的撒切尔夫人也是承认的。然而却在戈尔巴乔夫上台后短短六年时间里突然崩溃，其中原因值得深思。江泽民在总结苏联演变的教训时指出，苏联的乱，实质是先把思想搞乱了，他们抛弃了列宁、斯大林两把刀子，使得党失去了理想、信念。思想混乱是从赫鲁晓夫开始的，而到了戈尔巴乔夫时期达到了顶点。所以叶利钦一声令下，解散苏共，苏共就一点抵抗力都没有。最近，习近平同志更是明确指出："苏联为什么会解体？苏共为什么会垮台？一个重要原因是理想信念动摇了。最后'城头变幻大王旗'只是一夜之间。教训十分深刻啊！全面否定苏联历史、苏共历史、否定列宁、否定斯大林，一路否定下去，搞历史虚无主义，思想搞乱了，各级党组织几乎没有什么作用了。"

总结历史经验，中央多次强调，经济工作搞不好要出大问题，意识形态工作搞不好也会出大问题，在集中精力进行现代化建设的同时，一刻也不能放松意识形态工作。

在苏联的演变过程中，敌对势力复辟资本主义的意识形态工作可以概括如下：核心是全盘否定党的历史和社会主义实践，突破口是丑化和诬蔑党的领袖，方法是把非意识形态化作为过渡，逐步诱导群众。

让我们看一看20世纪80年代后期苏联意识形态领域的状况吧！当时担任苏共中央政治局委员、书记处书记的利加乔夫在后来的回忆录《戈尔巴乔夫之谜》中作了这样的描述：从1987年秋天起，在苏联的不少报刊上开始出现一股歪曲和污蔑苏联历史的逆流，"暴露文章犹如狂涛恶浪，席卷了舆论工具。极右报刊所描绘的不是多维的历史，不是成就与错误相互矛盾地交织在一起的历史，而只是阴暗的污点。根据那些文章判断，过去没有一点好东西，我们的父辈和祖辈在这块土地上毫无意义地受折磨，陷入苦海，时代的延续性被切断了……这种不公正的、恶意中伤的、不真实的歪曲报道惊扰和刺激了社会气氛。于是矛头开始对准了共产党、苏共，对准了党的历史（我再说一遍，这是艰难的，然而是光荣的历史），最终指向了人民，指向人民对历史的怀念。"利加乔夫的这一描述真实地反映了苏联当时的舆论状况。

苏联政局剧变过程中，反共反社会主义势力制造的舆论的核心内容是，全盘否定甚至攻击污蔑苏联共产党的历史和社会主义实践。他们说共产党不只是犯了错误，而且是犯了罪的组织，甚至“同法西斯组织一样”；卫国战争的胜利不过是“大法西斯打败了小法西斯”；他们把现实社会主义制度说成是“极权社会主义”、“军营社会主义”、“官僚专制”的社会主义，社会主义非但毫无成就可言，而且给人们带来的“只是灾难”；他们攻击十月革命是少数暴徒发动的政变，使俄国离开了“人类文明的正道”，七十年社会主义道路是“历史的迷误”。诸如此类的谬论，俯拾即是。总之，社会主义是一部“不光彩的历史”，必须与之“一刀两断”、“彻底决裂”。一时间，“告别过去”、“炸毁过去的一切”等口号充斥舆论，成为宣传的主调。

敌对势力全盘否定和攻击苏联共产党的历史和社会主义实践，目的是“一箭双雕”。一方面，他们通过这种历史虚无主义的舆论，公开地提出推翻共产党的领导，要求“把共产党排挤出政治舞台”，甚至要求“审判共产党”、取缔共产党；公开要求抛弃社会主义制度，恢复资本主义制度。另一方面，他们利用这种舆论瓦解与敌对势力作斗争的力量，使共产党员都成了是犯错误组织、甚至犯罪组织的一员，抬不起头来；他们利用这种舆论把社会主义搞臭，社会主义成了一个贬义词，使人民对社会主义失去信任。这种舆论一旦成为主流，敌对势力对党和社会主义发起的进攻，变成了一件伸张正义、理所当然的事了，同时使得正直的人们难以挺身而出起来捍卫党、捍卫社会主义。当戈尔巴乔夫等宣布解散共产党、解散苏联时，在苏联全境几乎没有出现任何有组织的抗议，更不用说有力的反抗了。这对具有90年光荣革命传统的苏联共产党，对具有70年历史的世界强国的苏联来说，似乎是不可思议的事。然而了解了当时那种“黑云压城城欲摧”的反共反社会主义的舆论状况时，就不难理解了。这也可以说明，为什么西方敌对势力把做意识形态的工作，放在实施“和平演变”战略的第一条。

值得研究的是，这些反共反社会主义的言论，尽管是违反历史事实的谬论，为什么却能在苏联社会上逐渐地成为主流思想、左右了整个舆论呢？这是苏共中央以戈尔巴乔夫为首的领导集团提出和推行人道的民主社会主义路线的结果。戈尔巴乔夫上台不久就提出所谓“民主化、公开性、多元论”的方针。他主张的民主化，是不分阶级、不讲专政和集中的民主，这为反共势力的猖狂进攻打开了绿灯；他主张的公开性，是放手反共势力大肆渲染和夸大苏联历史上和现实生活中的错误和消极现象；他主张的多元论，是允许否定共产党的领导地位和马克思主义的指导作用的言行合法化，听任资产阶级思想自由泛滥。所有这些民主、公开、多元，都是“单行道”，只准发表反共反社会主义的言论，不准有人针锋相对地进行批判；只准反共势力毫无阻碍地组织游行、集会、罢工、罢课，却不准共产党进行反击。在这条方针、路线指引下，敌对势力可以肆无忌惮地进行反共反社会主义活动，而共产党自己的手脚却被捆住了，只能听任敌对势力的攻击，束手待毙。利加乔夫在回忆录中曾详细叙述了这样一个令他迷惑不解的事件：敌对势力否定和攻击党的历史的文章铺天盖地而来，苏共中央政治局对此熟视无睹，听之任之，从未提出异议；而安德列耶娃的主张对党的历史进行实事求是分析的文章刚一发表，苏共中央政治局却立即作出反应，又是开会讨论要求人人表态，又是组织写批评文章进行反击，又是查背景力图揪出后台。用利加乔夫的话来说，这是思维的“双重标准”：对反共反社会主义的文章，实行“意识形态多元化”；出现捍卫社会主义的反驳文章，则进行追查，予以围剿。其实，这并不会使人迷惑不解，而正好是对戈尔巴乔夫的民主化、公开性、多元论的最好注解。

在目前条件下，社会主义国家里出现反共反社会主义的思想是很难避免的，这是阶级斗争的反映，关键是如何对待这种思潮，是坚决制止和斗争，还是任其泛滥。苏联的教训是当敌对势力散布各种反共反社会主义言论时，共产党不仅不与之进行斗争，反而为了标榜“民主”、“自由”而予以鼓励，甚至沆瀣一气，于是党和社会主义的形象被妖魔化了，群众对党失去了信任，对社会主义失去了信心，从而为制造颠覆无产阶级政权的政治动乱创造了条件。苏联的剧变从反面证明，我们党强调全党要重视意识形态工作，强调要用社会主义核心价值体系来引领各种社会思潮，其重要性和必要性，怎么估计都不为过。

要警惕党的领导层出问题，注意培养革命事业接班人

毛泽东在批判赫鲁晓夫的错误时，看到了党内，尤其是领导层出修正主义的危险性。他把警惕党内尤其是领导层走资本主义道路和接受资产阶级思想的严重危险，作为一个战略思想，作为一个重大的理论和实际问题提了出来。1965 年 8 月，他在一次谈话中强调指出：领导人、领导集团很重要，许多事情都是这样，领导人变了，一切都变了，整个国家会改变颜色。所以，他特别重视培养无产阶级革命事业的接班人问题。他说，赫鲁晓夫修正主义集团在苏联搞和平演变，是向所有社会主义国家（包括我们中国）、所有共产党（包括我们中国共产党）敲响了警钟。帝国主义对我们第一代、第二代大概没有指望了，但他们寄希望于第三代、第四代“和平演变”。因此我们要准备后事，要培养革命接班人。他还提出了无产阶级革命事业接班人应该具备的条件。尽管在培养接班人的实践中发生了各种各样的问题，但这一思想不能不说是很有预见的。

苏联向资本主义演变，问题就出在领导集团，尤其是第一把手戈尔巴乔夫身上。由于戈尔巴乔夫集团积极推行人道的民主社会主义路线，与帝国主义以及国内的以所谓的“民主派”为代表的敌对势力沆瀣一气，把社会主义的苏联搞垮了，造成了亡党亡国的悲剧。我们不来全面地分析苏联演变的原因，但有一点是可以肯定的，即戈尔巴乔夫在其中起了极其恶劣的、甚至决定性的作用。正如我们党中央领导同志指出的，“世界上第一个社会主义国家在戈

尔巴乔夫手里搞垮了。苏联的基础设施、工业基础都比较雄厚，资源丰富，人民的文化素质也是高的，但眼看着解体了，搞成今天这个样子，最根本的原因就是戈尔巴乔夫背弃了马克思列宁主义、社会主义的基本原则，包括取消党的领导、抛弃无产阶级专政。这个教训深刻得很啊！”

在苏联解体后不久，戈尔巴乔夫自己就招认，他“生活的目的就是消灭共产主义”，“当我亲自认识了西方，我的决定就成了不可更改的了。”“我的理想是走社会民主党的道路。”他说，“我只有身居高位，才能为此有最大的作为”，因此他“不懈地努力往上爬”，一直爬到苏共中央总书记、苏联总统的位子。苏联解体，他离开了苏联总统的职位，“上百的记者以为我会哭泣。我没有哭，因为我生活的主要目的已经达到：我消灭了苏联和所有欧洲国家的共产主义。”[①] 在他这个苏共中央总书记的领导下，苏联的社会主义制度迅速瓦解，资本主义迅速复辟，那就毫不奇怪了。了解了这种背景，西方授予戈尔巴乔夫“诺贝尔和平奖”就完全可以理解的了。

应该指出，在社会主义国家里，出现像戈尔巴乔夫这样的以消灭共产主义为终身目的的叛徒并不是偶然的，从一定意义上说，也是很难免的。这是因为，在当前国际国内的环境下，存在着产生反共反社会主义思潮的土壤和条件，而戈尔巴乔夫正是这种思潮的代表人物。列宁说过：“机会主义不是偶然现象，不是个别人物的罪孽、过错和叛变，而是整个历史时代的社会产物。”[②] 对于戈尔巴乔夫和他的“新思维”也应该这样看待。毛泽东同志曾经深刻地指出社会主义国家里产生修正主义的根源。他说，屈服于帝国主义的压力是修正主义产生的外部条件，资产阶级思想的影响是修正主义产生的内部条件。这一分析完全适用于以戈尔巴乔夫为代表的反共思

① 捷克《对话》杂志，1999 年，第 146 期。

② 《列宁选集》第 2 卷，人民出版社 1995 年版，第 494 页。

潮。我们不应该把戈尔巴乔夫的“新思维”及其带来的后果仅仅看作是他一个人的作用，而应该把它放到国际国内两个阶级、两种社会制度激烈斗争的背景下加以观察，这样才能触及事情的本质，才能真正从“戈尔巴乔夫现象”中吸取教训。

从苏联向资本主义演变的教训看，防止像戈尔巴乔夫那样的修正主义分子混进领导岗位，保证各级领导，尤其是中央领导牢牢掌握在忠于党、忠于人民的马克思主义者手里，是社会主义国家不改变颜色的关键。为了做到这一点，决定性的事情是要培养和选择接班人。邓小平强调指出：“我们一定要认识到，认真选好接班人，这是一个战略问题，是关系到我们党和国家长远利益的大问题。”“要看到这是个带根本性质的问题。我们有正确的思想路线，有正确的政治路线，如果组织问题不解决好，正确的政治路线的实行就无法保证，我们向党和人民就交不了账。”① 他是从中国会不会改变颜色的高度考虑接班人问题的。他说：“帝国主义搞和平演变，把希望寄托在我们以后的几代人身上。”“中国要出问题，还是出在共产党内部。对这个问题要清醒，要注意培养人，要按照‘革命化、年轻化、知识化、专业化’的标准，选拔德才兼备的人进班子。我们说党的基本路线要管一百年，要长治久安，就要靠这一条。”② 选拔、培养接班人的“四化”标准，最重要的是“革命化”，即坚持马克思主义，坚持社会主义，有坚定正确的政治方向。还是邓小平同志说的，领导班子“要选马克思主义者。我们自己培养起来的、政治上好的、有马列主义修养的人还是有的”③。一旦发现接班人有原则性的政治问题，就必须坚决调整，绝不姑息。20 世纪 80 年代中后期，我们党两任总书记接连栽跟头，就是这样。邓小平同志指出：“过去两个总书记都没有站住，并不是选的时候不合格。选的

---

① 《邓小平文选》第 2 卷，人民出版社 1994 年版，第 222、223 页。
② 《邓小平文选》第 3 卷，人民出版社 1993 年版，第 380 页。
③ 《邓小平文选》第 3 卷，人民出版社 1993 年版，第 315 页。

时候没有选错，但后来他们在根本问题上，就是在坚持四项基本原则的问题上犯了错误，栽了跟头。四个坚持中最核心的是党的领导和社会主义。四个坚持的对立面是资产阶级自由化。”① 后来，他在1992年视察南方的重要谈话中，谈到培养接班人的教训时，再一次阐述了这一点。他说：“文化大革命”结束以后，我们就着手选拔接班人。“但是没有解决问题，两个人都失败了，而且不是在经济上出问题，都是在反对资产阶级自由化的问题上栽跟头。这就不能让了。”② 正是在选拔和培养接班人问题上把坚持党的领导和社会主义道路放在第一位，保证了我国社会主义建设和改革开放事业沿着正确的方向健康地发展。

苏联的演变以及中国经历的风风雨雨充分证明，必须警惕领导层出修正主义，同时注意培养无产阶级革命事业的接班人，保证各级领导，尤其是中央领导牢牢地掌握在马克思主义者手里，这样才能使得社会主义事业长治久安。

这个问题可以不讲，事实上，在本文的第二部分，已经讲了这个问题。

必须正确地对待社会主义社会的阶级斗争

社会主义社会还有没有阶级斗争？还需要不需要用马克思主义的阶级观点和阶级分析方法来观察和分析社会问题？这是一个关系社会主义发展全局的十分重要的问题。我国社会主义制度建立以后，毛泽东把很大一部分精力用来探讨这些问题。他在这个问题的探讨过程中，既有重要的贡献，给我们留下了宝贵的理论财富，也有严重的失误，导致人为的阶级斗争，以至发动“文化大革命”，给国家带来灾难性后果。这是一个十分复杂的问题，我们应该采取

① 《邓小平文选》，第3卷，人民出版社1993年版，第324页。

② 《邓小平文选》第3卷，人民出版社1993年版，第380页。

科学的态度冷静地进行分析，既要对其中错误的东西引以为戒，又要从中吸收有益的东西。我们不来全面地分析这个问题，只是想指出一点：苏联演变证明了毛泽东重视社会主义社会的阶级斗争问题是有极大的预见性的。

我们看一下戈尔巴乔夫上台以后那一段历史吧。那时，苏联的政局犹如万花筒一般，变化无常，政治性事件层出不穷，今天这里罢工，明天那里罢课，时不时又爆发流血冲突。政治组织不断产生，宣言满天飞，不知道他们想干什么。在纷繁复杂的局面面前，人们往往不知所措。其实列宁早在1914年就对分析复杂的政治事件谈到一个方法论性质的意见，他说："马克思主义提供了一条指导性的线索，使我们能在这种看来扑朔迷离、一团混乱的状态中发现规律性。这条线索就是阶级斗争的理论。"① 他再三告诫说："马克思主义者不应该离开分析阶级关系的正确立场。"② 从赫鲁晓夫开始到戈尔巴乔夫长达近40年时间里，由于苏联共产党否定阶级斗争的存在，从根本上抛弃了阶级分析方法，这就看不清楚问题的实质了，也找不到对付复杂局面的正确方法。

回顾一下苏联演变的过程，我们不能不承认，这是社会主义条件下一场激烈的阶级斗争，斗争的核心是政权问题。苏联演变的实质是敌对势力（即所谓的"民主派"）在西方帝国主义的支持下，在共产党内的新修正主义分子（即人道的民主社会主义分子）的鼓励和纵容下，三者相互配合，沆瀣一气，向无产阶级劳动人民夺取政权的过程。整个过程显示出这样的"三部曲"：第一步，党外敌对势力和党内人道的民主社会主义分子相互勾结，全盘否定和攻击党的历史和社会主义实践，制造反共反社会主义的舆论，做反革命的意识形态工作，搞乱了党员、干部和广大人民的思想，动摇了他们的社会主义信念；第二步，敌对势力在广大党员和群众思想混乱

---

① 《列宁选集》第2卷，人民出版社1995年版，第426页。

② 《列宁全集》第29卷，人民出版社1985年版，第140页。

的基础上，瓦解党的组织，制造政治动乱，乘乱一步一步夺取政权，而共产党在人道的民主社会主义思想指导下，步步退让，拱手让权，最后无产阶级政权被颠覆，并酿成共产党被解散、苏联被肢解这样的亡党亡国的悲惨结局；第三步，资产阶级政治势力利用夺取到的政权的力量，推行私有化，恢复资本主义经济制度，为资产阶级的政治统治奠定经济基础。

苏联演变的过程，从政治斗争的角度看，大体上经历了以下几个回合。第一回合，敌对势力成立各种“非正式组织”，公开地进行反共反社会主义活动；第二回合，为了在政治舞台上同共产党相抗衡，敌对势力得寸进尺地要求正式成立政党，实行多党制；第三回合，在“自由选举”的旗号下，敌对势力一步一步地夺取地方政权，进而夺取全国政权；第四回合，借“8·19”事件失败之机，解散苏共，肢解苏联。从此世界上第一个社会主义国家从世界政治地图上消失了，资本主义复辟在苏联疆域内成为现实。

回顾苏联演变的过程，谁都不能否认这是一场激烈的阶级斗争。在这场斗争中，我们可以看到，敌对势力是多么的猖獗，他们步步进逼，咄咄逼人，而苏联共产党在否定阶级斗争的民主社会主义思想的指导下，却是不断妥协，直至让出政权、自动解散。这一过程真是惊心动魄！

我国生产资料所有制社会主义改造完成、社会主义制度建立后，毛泽东曾经明确指出，“阶级斗争并没有结束”，“社会主义和资本主义之间谁胜谁负的问题还没有真正解决。”“如果对于这种形势认识不足，或者根本不认识，那就要犯绝大的错误，就会忽视必要的思想斗争。”[①] 这一论断，当时国际共产主义运动中很多人不理解，而改革开放以来，在我国国内也曾遭到一些人的非议，然而我国 1989 年的政治风波，用邓小平的话来说，“给我们上了一堂大

① 《毛泽东文集》第 7 卷，人民出版社 1999 年版，第 231 页。

课”,[①] 而苏东剧变则用资本主义复辟这一活生生的事实证明了毛泽东这一论断是多么正确、多么具有预见性。

对社会主义社会的阶级斗争问题必须有一个科学的、实事求是的估量。邓小平指出:“社会主义社会中的阶级斗争是一个客观的存在,不应该缩小,也不应该夸大。实践证明,无论缩小或者夸大两者都要犯严重的错误。”[②] 我们党总结了“文化大革命”的教训,指出在剥削阶级作为一个阶级消灭以后,阶级矛盾已经不是社会的主要矛盾,但“由于国内的因素和国际的影响,阶级斗争还将在一定范围内长期存在,在某种条件下还可能激化。既要反对把阶级斗争扩大化的观点,又要反对认为阶级斗争已经熄灭的观点。”[③] 这是科学的论断。苏联的悲剧恰恰是忘记了社会主义社会还存在阶级斗争,抛弃了马克思主义的阶级斗争学说,用民主社会主义的阶级调和论来处理客观上存在的激烈的阶级斗争,结果丢失了政权,落得个亡党亡国的悲惨下场。

还有一个问题需要明确,即要把以阶级斗争为纲同阶级观点、阶级分析方法区分开来。“纲”是指党的中心工作。毫无疑问,在生产资料所有制社会主义改造基本完成,社会主义制度已经建立,大规模群众性的阶级斗争已经过去的情况下,阶级矛盾不再是社会的主要矛盾,这时,党的工作仍以阶级斗争为纲是错误的。然而正如上面指出的,由于国内的因素和国际的影响,阶级斗争仍将在一定范围内长期存在,在一定条件下还会激化,因此,我们还必须坚持马克思主义的阶级斗争学说。江泽民曾经指出:“我们纠正过去一度发生的‘以阶级斗争为纲’的错误是完全正确的。但是这不等于阶级斗争已不存在了,只要阶级斗争还在一定范围内存在,我们

① 《邓小平文选》第3卷,人民出版社1993年版,第325页。

② 《邓小平文选》第2卷,人民出版社1994年版,第182页。

③ 《中国共产党中央委员会关于建国以来党的若干历史问题的决议》,人民出版社1981年版,第56页。

就不能丢弃马克思主义的阶级和阶级分析的观点与方法。这种观点与方法始终是我们观察社会主义与各种敌对势力斗争的复杂政治现象的一把钥匙。”① 我们应该理直气壮地宣传马克思主义的阶级斗争学说，坚持用马克思主义的阶级观点和阶级分析方法来观察和分析有关的政治生活现象。

在这个问题上，我们不得不佩服垄断资产阶级代表人物的政治敏感性，他们对阶级斗争理论在整个马克思主义学说中的地位有着十分明确而清醒的认识。美国最后一任驻苏联的大使马特洛克写的一本回忆录《苏联解体亲历记》，就是一个证明。这位曾经亲身经历并大力促成苏联解体的外交大使有一段十分精彩而又令人深省的论述，他说：“如果苏联领导人真的愿意抛弃阶级斗争观念，那么他们是否继续称他们的指导思想为‘马克思主义’也就无关紧要了，这已是一个在别样的社会里实行的别样的‘马克思主义’。这个别样的社会则是我们大家都能认可的社会。”他是不赞成马克思主义的，但是他抓住了一个要害问题：抽掉了阶级斗争理论的马克思主义，就是在连西方都可以认可的那种社会里的别样的“马克思主义”。所以，一当戈尔巴乔夫 1988 年 12 月在联合国大会上宣布“全人类利益高于一切”，抛弃了阶级斗争理论，马特洛克就放心了，他看到戈尔巴乔夫已背叛了马克思主义，预感到苏联很快就会变成“别样的社会”，即美国也可以认可的社会，这当然是资本主义社会。事实已经证明，马特洛克这种看法和预感的理论逻辑是正确的。显然，他对阶级斗争理论的意义的认识，远比我们队伍中熟读了马克思主义著作但在分析现实问题时往往忘却了阶级观点和阶级分析方法的人，要深刻得多。

苏联是我国的一面镜子。如果说在 50 年代初是我们进行社会主义建设的一面正面的镜子的话，那么，在 80 年代末、90 年代初

① 江泽民：《论有中国特色社会主义（专题摘编）》，中央文献出版社 2004 年版，第 4 页。

苏联的演变，则是一面反面的镜子。殷鉴不远，我们必须清醒地认识到社会主义同资本主义“谁胜谁负”的斗争远未结束，资本主义复辟的危险远没有过去。在这种情况下，结合苏联演变的实际，重温毛泽东有关苏联问题的一系列思想是具有重大而深远意义的。可以预料，随着时间的推移，毛泽东这些思想将会越来越显示出它灿烂的真理光芒。

《中华人民共和国史稿》序卷的立意和谋篇

《中华人民共和国史稿》序卷主编　田居俭

在《中华人民共和国史稿》（下简称《国史稿》）的成书过程中，我有幸参加了《国史稿》序卷制定大纲、撰写初稿、讨论修改和最后定稿等各道工序。如果用一句话来概括这些工作，就是积二十年之功，易无数次之稿，解决为什么写和怎么写序卷的问题。因此，本文阐述的重点，放在立意和谋篇上。

人们初读《国史稿》，首先接触的是序卷，提出的第一个问题可能是：《国史稿》是修中华人民共和国的历史，为什么用20多万字的篇幅先修中华人民共和国成立前的历史呢？对这个问题，我的答案是：为了让历史告诉未来，弄清中华人民共和国是怎么来的；弄清近代以来，历史为什么选择了中国共产党、选择了马克思主义、选择了社会主义、选择了中国特色社会主义。

我思考和回答这个问题的主要依据，是中华人民共和国的主要缔造者毛泽东对“现时”与“古代”关系的经典性论断。20世纪40年代，毛泽东在《新民主主义论》中就指出：“中国现时的新政治新经济是从古代的旧政治旧经济发展而来的，中国现时的新文化也是从古代的旧文化发展而来，因此，我们必须尊重自己的历史，决不能割断历史。"[1] 在《改造我们的学习》中又指出：我们"不但要懂得中国的今天，还要懂得中国的昨天和前天。"[2] 毛泽东关于"必须尊重自己的历史，决不能割断历史"，要懂得中国的"今天"、"昨天和前天"的论述，给了我们解读《国史稿》何以要设序卷的钥匙。他的精辟论断启发我们：编著中华人民共和国史，要与中华人民共和国成立前的历史（或称中华人民共和国史前史，即中国古代史和中国近代史）相对接，弄清中华人民共和国的来龙去脉。

迄今为止，凡是研究党史和国史的人，都承认中华人民共和国史是中国历史划时代的崭新篇章，但是，未必都承认中华人民共和国史与中国古代史、中国近代史的内在联系。因此，目前问世的一些国史著作，有的从 1949 年 10 月 1 日开国大典写起，有的从 1949 年 9 月 21 日中国人民政治协商会议第一届全体会议写起，有的从 1949 年 6 月 15 日新政治协商会议筹备会议写起，有的从 1948 年 4 月 30 日中共中央发布纪念五一劳动节口号，提出召开新政治协商会议、成立民主联合政府写起，最远的追溯到 1840 年鸦片战争，作为历史背景一笔带过，至于古代则只字未提。似乎中华人民共和国成立是横空出世，一蹴而就，召开一次会议落实一个口号，便万事大吉。

《国史稿》序卷对"昨天和前天"的表述没有墨守成规，而是另辟蹊径，从当今中国领土上发现古代先民最早活动遗迹的 170 万年前写起。这样做并非故弄玄虚，而是尊重历史，尊重实践证明的科学真理。如毛泽东在《中国人民政治协商会议第一届全体会议开幕词》中指出的："中国人从来就是一个伟大的勇敢的勤劳的民族，只是在近代是落伍了。这种落伍，完全是被外国帝国主义和本国反

① 《毛泽东选集》第 2 卷，人民出版社 1991 年版，第 708 页。

② 《毛泽东选集》第 3 卷，人民出版社 1991 年版，第 801 页。

动政府压迫和剥削的结果。”① 按照这一逻辑，叙述和诠释中华人民共和国成立前的中国历史，便成为《国史稿》序卷的编著原则和独有特色。

这里先说“前天”。中华民族勇于艰苦创业、长于发明创造是举世闻名的。在古代，曾以高度的物质文明和精神文明，为人类社会的发展进步作出过重要贡献。众所周知，古代世界先后存在六大文明，即西亚“两河流域”的苏美尔—阿卡德—巴比伦文明、北非尼罗河流域的古埃及文明、地中海北岸的古希腊—罗马文明、南亚印度河流域的文明、中南美洲的玛雅—阿兹特克—印加文明和黄河—长江流域的中华文明。由于这样那样的原因，其他五大文明后来都中衰或中断了，唯独中华文明延续发展、繁荣昌盛五千年。这是一切没有偏见的中外人士认同的事实。比如，关于中国古代物质文明的建树，据《世界自然科学大事年表》记载：16 世纪以前，世界重大科技发明约 300 项，中国就有 175 项，占 58% 以上。这些发明支撑着中国的农耕、纺织、冶金、手工制造等生产技术和社会经济长期处于世界的领先地位，直到 18 世纪末。② 这种评价并非夜郎自大，而是实事求是。英国自然科学史专家李约瑟说：“在人类了解自然和控制自然方面，中国人是有过贡献的，而且贡献是伟大的。”“中国人的发明就更多了，这些发明在公元一世纪到十八世纪期间先后传到了欧洲和其他地区，这里包括（略）……我写到这里用了句点，因为二十六个字母都已经用完了，可是还有许多例子，甚至还有重要的例子可以列举。”“所有这些例子有一种共同之点，就是它们在中国应用的时期，确实早于它们在世界其他部分出现的时期，有时甚至要早得多。”③ 法国汉学家

① 《毛泽东选集》第 5 卷，人民出版社 1996 年版，第 343—344 页。

② 参见石仲泉：《中国特色社会主义与“中国梦”》，2013 年 6 月 17 日《文汇报》。

③ 《中国科学技术史》第 1 卷，科学出版社 1957 年版，第 1 分册第 18 页、第 2 分册第 546—547 页。

马诸又强调："西方人不应该忘记，是中国文明改变了西方的历史，特别是火药、指南针、造纸和数学 0 的概念，它们极大地影响了西方文明进展的步伐，结束了欧洲中世纪的野蛮——说这话的第一人是英国著名科技史专家李约瑟。""李约瑟的中国科技史巨著，可以说是系统而又全面地让欧洲人了解到，原来不光是我们欧洲人有发达的科技，远在亚洲东方的中国人，早在遥远的上古和中古时代，他们的科技思想和科技水平，已经相当发达了，那些包括火药、指南针、造纸和数学 0 的概念，为我们欧洲人开启科技新时代提供了新思维、创造了良好契机，对此我们切不可视而不见。""我认为古代中国的文明与西方文明相比，毫不逊色。只有对中国情况不了解或了解不多的西方人，才会对东方中国带有习惯性的偏见或误解。"[①]

接着再说"昨天"。由于历史发展不是笔直的而是曲折的，不是平坦的而是崎岖的。当世界进入工业文明时代以后，中国封建王朝落伍了，腐朽了。资本帝国主义乘机用坚船利炮轰开了"天朝上国"的大门，英、美、法、德、俄、日等多国，强迫封建统治者签订数百个割地赔款的不平等条约，割去了大片领土，掠走了无数财富，把中国拖进了积贫积弱的半殖民地半封建社会。但是，在敢于同内外敌人血战肉搏的中国人民面前，"帝国主义和中国封建主义相结合，把中国变为半殖民地和殖民地的过程，也就是中国人民反抗帝国主义及其走狗的过程。"[②] 为了挽救亡国灭种的危机，近代中国各阶级、各阶层提出不同的救国主张和方案，采取不同的道路和方式奋起抗争，进行了鸦片战争、太平天国运动、戊戌变法、义和团运动、辛亥革命等斗争。可惜，他们选择的救亡图存的目标是错误的。在帝国主义时代，幻想通过学习西方资本主义走向独立富强，无异于与虎谋皮。因为掠夺成性的帝国主义者看好的是中国廉价的劳动力、原料和市场，他们不容许中国独立发展资本主义，同他们分庭

① 《西方人如何理解中国》，2013 年 2 月 5 日《文汇报》。

② 《毛泽东选集》第 2 卷，人民出版社 1991 年版，第 632 页。

抗礼，于是便处心积虑地进行打压和绞杀，致使历次斗争相继失败根本原因就在于："帝国主义侵略中国，反对中国独立，反对中国发展资本主义的历史，就是中国的近代史。"①

正当苦难的中华民族在黑暗中摸索的时候，应运而生的中国共产党给中国人民带来了光明和希望，从此以后，"中国改换了方向"。中国共产党一成立，就提出了彻底反帝反封建的新民主主义革命纲领和奋斗目标。鉴于革命的根本问题是国家政权问题，《中国共产党第一个纲领》明确宣布："由劳动阶级重建国家"，并以此为起点，在近代以来中国人民前仆后继、争取民族独立和人民解放斗争的基础上，领导中国人民进行了五卅运动、北伐战争、土地革命战争、抗日战争和解放战争，经过28年的浴血奋战，推翻了压在中国人民身上的帝国主义、封建主义、官僚资本主义"三座大山"，建立起工人阶级领导的、工农联盟为基础的人民民主专政的新中国。

综上所述，可对序卷的立意作如下归纳：中华人民共和国来之不易，是中国共产党领导中国人民经过28年的浴血奋战，以2000万留下姓名和没有留下姓名的先烈生命换来的胜利成果，每一代、每一个有良知的中华儿女都要铭记和珍惜；中华人民共和国来之不易，是中国共产党领导中国人民为实现"重建国家"的伟大目标，从理论到实践艰辛探索28年取得的胜利成果，每一代、每一个有良知的中华儿女都要铭记和珍惜。这两个"来之不易"和两个"铭记和珍惜"，就是序卷的主题和主线。

说完序卷立意，接着说谋篇。立意决定谋篇，谋篇服务立意。两者相辅相成，又相得益彰。

在谈谋篇之前，必须明确序卷在《国史稿》中的地位和作用。顾名思义，序卷就是《国史稿》第一卷至第四卷（乃至今后续修的各卷）的长篇序言，承载着叙述中华人民共和国由来的任务，要求独立成卷，.篇幅可长可短，不必与其他各卷整齐划一。在这套书中，

---

① 《毛泽东选集》第2卷，人民出版社1991年版，第679页。

序卷的时间跨度最长，从170万年前云南元谋人出现到1949年中华人民共和国成立，篇幅最短（只有20万字左右）。第一卷至第四卷，各卷的时间跨度虽短（第一卷7年，1949—1956；第二卷10年，1956—1966；第三卷10年，1966—1976；第四卷8年，1976—1984），但篇幅都比序卷长，均在30万字左右。这种布局，既体现了序卷与正卷的联系和区别，又彰显了《国史稿》的特色和风格。

下面，回过头来说序卷的谋篇。

序卷除引言外，共设六章：第一章“辉煌灿烂的文明古国”，第二章“近代中国的社会沉沦与救亡图存”，第三章“新民主主义的开端”，第四章“开辟农村包围城市、武装夺取政权的道路”，第五章“抗日战争与人民政权的发展”，第六章“中国两种命运的历史性决战”。这种布局，是为了更好地阐释中华人民共和国的“昨天和前天”与“今天”的关系，在内容上难免与中国古代史和中国近代史有重复之外，处理不当，容易把“昨天和前天”浓缩成某种版本的通史、断代史或专题史。这不仅有违序卷的编著初衷，而且这类史书的名家名著很多，如古代史有白寿彝主编的多卷本《中国通史》，范文澜、蔡美彪主编的多卷本《中国通史》，近现代史有胡绳著《从鸦片战争到五四运动》（上、下），章开沅著《辛亥革命史》（上、中、下），李新主编的多卷本《中华民国史》等。因此，序卷必须努力创新，力争人无我有、人有我超，坚持古为今用、详近略远，优选和整合“昨天和前天”的典型史料，选择不落陈套的布局，阐释主题和主线。

按照以上思路解析序卷的谋篇，可将六章划为三个单元：

第一单元即第一章，叙述鸦片战争前的中国古代史，重点突出广袤富饶的山川和悠久绚丽的历史文化，特别是勤劳勇敢的英雄人民和统一的多民族国家经历的辉煌岁月和对世界的重要贡献，以增强民族自信心、自尊心和自豪感。这章简明扼要地叙述以百万年计算的远古历史和有文字可考的五千年文明史，只用了31页，不足序卷篇幅的四分之一。

第二单元即第二章，叙述从1840年鸦片战争到1919年五四运动前的历史，重点突出帝国主义的野蛮侵略和封建王朝的助纣为虐，如何把中国变成半殖民地半封建社会；不堪忍受内外统治者压迫剥削的中国人民，又如何为民族独立和自身解放奋起抗争；从太平天国起义到辛亥革命，各种革命力量和进步力量试图通过学习西方走资本主义道路，改变中国的命运，每一次斗争都以失败而告终。这一切，引起了包括革命先行者孙中山在内的国人深刻反思：为什么资本主义道路在中国走不通？资产阶级民主共和的政治方案为什么外不能御列强、内不能建民国？中国的出路究竟在哪里？这章叙述约80年的近代史，用了42页，约占序卷篇幅四分之一强。

第三单元即第三、四、五、六章，这四章叙述从1919年五四运动到1949年中华人民共和国成立的30年历史，重点叙述五四运动开启了中国新民主主义革命（与旧民主主义革命的根本区别是领导阶级和革命目标不同，前者由资产阶级领导建立资本主义，后者由无产阶级领导建立社会主义），中国共产党成立伊始就提出"由劳动阶级重建国家"的奋斗目标，不屈不挠地领导中国人民进行了1924—1927年的大革命，1927—1937年的土地革命，1937—1945年的抗日战争，1947—1949年的解放战争，成功地开辟了农村包围城市、武装夺取政权的道路，并沿着这条道路从理论到实践不断探索，取得了治国理政的重要成果和宝贵经验（如土地革命时期创建的中华苏维埃共和国，抗日战争时期创建的陕甘宁边区政府，解放战争时期的华北人民政府、内蒙古自治区人民政府等），为后来创建中华人民共和国奠定了坚实基础。因为这30年的历史与中华人民共和国的关系更密切、更直接，需要用更多的笔墨来书写，这四章用了139页，占序卷篇幅的一半。

这样，序卷通过叙述中华人民共和国"史前史"，顺理成章地导出中华人民共和国成立的历史必然性。只有这样的谋篇，才能充分体现立意，按照国史稿设计的蓝图把序卷打造成合格的配套产品。其点睛之笔是序卷的结束语：

> 中国共产党从成立之日起就领导中国人民“重建国家”，浴血奋战了整整28年，也艰辛探索了整整28年，无数先烈用鲜血和生命换来的人民当家作主的新中国，即将变成美好的现实。这时的革命胜利形势，借用毛泽东当年在《星星之火，可以燎原》中预示革命高潮就要到来的三个形象比喻则是：“它是站在海岸遥望海中已经看得见桅杆尖头了的一只航船，它是立于高山之巅远看东方已见光芒四射喷薄欲出的一轮朝日，它是躁动于母腹中的快要成熟了的一个婴儿。”①

以这个结束语为切入点解读序卷的立意和谋篇，就能准确地把握住序卷的历史脉络和逻辑线索，就能准确地把握住序卷的主题和全貌。

① 《毛泽东选集》第1卷，人民出版社1991年版，第106页。

成功源自坚守

——撰写《中华人民共和国史稿》第一卷的经验体会

《中华人民共和国史稿》第一卷主编　刘国新

在党中央的关怀和指导下，《中华人民共和国史稿》（以下简称《国史稿》）在2012年9月正式出版。作为一名作者，欣喜之余不免掩卷长思，回想撰写《国史稿》的日日夜夜，检索修改《国史稿》的点点滴滴。

一、国史的撰写和定位

《国史稿》的写作整整经历了20年时间，虽谈不上步履坎坷，也称得上一路磕磕绊绊。《国史稿》的命运在一定程度上折射出当代所的命运。

1992年11月3日，成立了近两年的当代中国研究所在中南海西楼召开第12次所办公会，决定编写五卷本《中华人民共和国史》。这个五卷本不同于后来出版的五卷本，它们分别是：第一卷（1949—1956）；第二卷（1956—1966）；第三卷（1966—1976）；第四卷（1976—1991）；第五卷（1991—1994）。对应这五卷本的是五个分时期设立的研究室，各研究室主任为各卷“主笔”。

1995 年 5 月，当代中国研究所进行机构调整，五个研究室合并为两个编研室，第一编研室研究对象为 1949—1976 年历史，第二编研室研究对象为 1976—当时（1995 年）。同时，国史写作的各卷主持人由“主笔”改称“主编”。

最初在设计国史体例时，多数人的意见是多卷本国史要有一个绪论，安排在第一卷中的第一章。从鸦片战争写起，核心内容是中国共产党领导的革命根据地和革命政权建设的艰难历程，用以说明中华人民共和国的由来，说明自 1840 年以来，特别是 1921 年中国共产党诞生以来，千百万民族英烈在中国共产党的领导下，用鲜血与生命“争取民族独立和人民自由幸福”，彻底推翻帝国主义、封建主义、官僚资本主义三座大山，无数先烈前仆后继的脚印，铺就了新中国的诞生之路。同时，近代以来的事实也告诉人们一条真理：在中国历史上，资本主义建国方案和其他道路都没有走通，历史的必然结果是产生了人民当家作主的新型国家。但在编写实践中感到要把如此丰富的内容浓缩在一章当中，确有难度。经过再三酝酿，反复斟酌，最后决定调整结构，在第一卷之前设独立的一卷，称为“序卷”。

1996 年 6 月，国史稿序卷单独成册出版。同年 12 月 30 日，当代中国研究所向中央党史领导小组报送《关于国史多卷本编纂工作的报告》，提出国史稿第一卷（1949—1956），第二卷（1956—1966），第三卷（1966—1976），第四卷（1976—1984）已经完成最后一轮征求意见以及修订、送审和出版的具体计划，并有了做好相关工作的设想。这是当代中国研究所第一次正式对外公布国史稿的框架体系。这套序卷及一至四卷国史就是 2009 年正式向中办报送的《国史稿》，也就是 2012 年经中央批准出版的五卷本《国史稿》。

国史写作从一开始就定出一个明确的目标，要达到一个很高的水准。邓力群要求《国史稿》“务必要超过以前出版的所有国史著作”。李力安提出，《国史稿》应该是权威版本，国家水平。那么，《国史稿》有没有达到当初所设想的要求呢？2012 年 1 月中宣部在给中办的报告中给出这样的评价："总的认为，修改后的《国史稿》导向正确、结构清晰、重点突出、史料丰富、内容翔实、行文规范，具有较高的思想性、权威性和可读性，已经比较成熟。"这个评价至少可以说，《国史稿》没有辜负老一辈当初的期望。

在简单回顾了国史写作的大背景后再谈第一卷就顺当多了。第一卷的主笔开始是田居俭，后来改为主编制，他仍是主编，我是副主编。2007 年以后，根据需要，田居俭转而负责序卷的修改，我负责第一卷。

第一卷所反映的 1949—1956 年的七年，既是新国家新政府艰难起步的初创时期，也是中国共产党从民主革命时期的局部执政到成为全国执政党后治国理政的关键时期，所面临的复杂局面和困难前所未有，所要解决的问题和矛盾前所未有，是历史叙述中比较难以驾驭的一段。

当代中国研究所对第一卷的要求超出这一卷本身。邓力群提出：总的要求是五卷国史要有一个好的开头，第一卷就是个开头。这一卷搞好了，二卷、三卷、四卷、五卷就可以顺流而下，高屋建瓴；就可以按照这个规格，照着这个模样，一卷一卷地搞下去。如果这一卷搞不好，不但是这个第一卷本身的问题，而且要影响到第二、第三、第四、第五卷。第一卷的撰写自始至终以此自律。

第一卷的写作呈现三个特点和方式都十分鲜明的阶段。

第一个阶段是 1992 年至 2000 年。1992 年开始起步，至当年 7 月完成两轮大纲的讨论，之后开始分章写作。1993 年 8 月 20 日至 31 日，在辽宁兴城，邓力群主持第一卷初稿的讨论。这次讨论在当代中国研究所历史上具有标志性意义。之所以这样讲，是因为：一是它正式揭开了国史修改讨论的序幕。以后的四五年一卷接着一卷，一轮紧似一轮的修改讨论。二是阵容庞大。邓力群自始至终坐镇主持，马洪、安平生、郑慧、丁伟志、詹武等一批国内知名专家学者参加。三是讨论热烈，思想活跃，培育了当代中国研究所建所初期学术民主的风气。与会人员年长者已逾80岁，年轻的才二三十岁，但在会上均能畅所欲言，可滔滔不绝，也可三言两语。不仅对第一卷的修改提出很多好的意见，同时也大大深化了如何撰写不同于党史的国史认知。四是在这次会议上，正式宣读了当代中国研究所所长的任命文件，即李力安任所长，有林任副所长。在此之前，是邓力群以中央党史领导小组副组长的身份直接指导当代所各项工作，自此以后，当代中国研究所的领导机构健全了。

1995年5月8日至26日和7月4日至10日，邓力群主持了第一卷第二稿讨论，这是第二轮讨论。从这轮开始，参加讨论的人员，不只是本卷的撰写人员，所里其他研究室的人员均可参加。这种改变，是为了使当代中国研究所的业务人员更完整地了解整个国史，而不是仅仅局限在自己所熟悉的那十年八年。

2000年5月10日至31日，邓力群主持第一卷第三次审稿会，这是第三轮讨论，这轮讨论邀请了所外专家。

总起来看，这个阶段的特点就是邓力群亲自抓写作，写国史是全所的唯一的重点工作。方式是集中所内外专家大讨论。

第二个阶段是2006年至2007年。方式是主编负责制。田居俭和我每人6章，分工阅改。

第三个阶段是2007至2012年。特点是完全按照中央的部署有序推进。方式依然是主编负责制。正式向中央送审是2009年，在此之前为稳妥起见，又突击修改一次，所以，这个阶段是经历了从2008年新一轮审改，准备给报送中央的送审稿开始，到2010年和2011年根据30个部委两次送审意见修改、补充、完善，到2012年根据18个部委的意见再次修改、补充、完善，再到2012年4月根据国家统计局审核《国史稿》的大部分数据核实、修改，直到2012年4月和8月，中央正式批准出版前的核对全部注释和通读全部书稿这样五个具体阶段。

二、第一卷的撰写特点

第一，历史逻辑和理论逻辑的统一。

当代中国研究所从成立起就不断地探讨国史与党史的区别。说到底国史学体系就是历史逻辑与理论逻辑的统一，即国家为主体的客观活动和我们对于它认识归纳的主观的统一，直接的体现就是篇章结构。

第一卷对此下了很大的功夫。比如，经济制度、国家制度、文化制度形成的时间顺序和前后衔接问题，建国初期的平抑物价、统一财经和整个国民经济的恢复工作，是连在一起写，还是分开写？不分开就写到三年经济恢复了，结果把镇压反革命、抗美援朝隔得很远，放到后边去了。如果只写财经统一、平抑物价，而把工商业的调整和恢复经济分开来，结果就成了两章。还有，彻底完成民主革命任务和巩固新中国的斗争，是分开写好还是和在一起写好。关于宪法的写法，曾考虑“从共同纲领到中华人民共和国宪法”写成一章，借以体现出共同纲领到宪法的历史进步。再有，过渡时期总路线和“一五计划”、工业化起步以及第一部宪法的衔接和内在逻辑问题等等，都曾在起步阶段进行过多次争论、讨论。

最后定稿的第一卷大纲逻辑关系是这样的：基本上按照时间顺序展开，同时，又遵循了历史唯物主义的基本原理，即经济基础决定上层建筑，上层建筑反过来为经济基础创造发展的条件。

第一章“中华人民共和国的建立”原来是放在序卷里面写，第一卷是从新中国面临的严峻的国际国内环境讲起，但读下来总让人觉得开篇就讲困难，缺乏一种新的喜庆的气氛，也显得不够有气势，新中国的成立毕竟是一件开天辟地的大事变，所以，最终还是把中华人民共和国的建立作为第一章。这一章专门辟出一个目讲毛泽东对新中国的构想，以此作为新中国建立的理论基础。其中涵盖了毛泽东思想的核心内容，包括毛泽东的新民主主义理论、人民民主专政理论以及统一战线、文化建设、独立自主等政策和策略思想。这部分内容是告诉读者，在新中国成立之前，我们党从理论到政策，从实践到经验，都已经有了充分的积累和准备。解放区政权是新社会的雏形，当时制定的各项政策，符合当时的情况，也为后来的胜利探索出了一套施政纲领，是《共同纲领》之前的一种理论储备。这一章所叙述的中央人民政府成立，实际上就是讲新中国政治上的统一。接下来第二章“继续完成民主革命的遗留任务”，无论从历史的实际发展还是从逻辑关系看都是应该放在这里，都是新中国成立后亟待解决的主要矛盾。其中《向全国进军》内容上是讲几次战役，实质上是一个军事统一的问题。有了政治上的统一、军事上的统一，才会有经济上的统一。第三章“新中国成立初期的财政经济工作”就是讲经济上的统一。

经济统一以后应该是国民经济的恢复了，但是第四章还不能写，因为新政权的巩固还面临严峻的考验。这些考验不是我们预设的，而是强加在我们头上的。首先是抗美援朝战争。其次是因境外战争而气焰嚣张起来的反革命破坏活动，不得不大张旗鼓地镇压反革命。接着就是为支援前线战争，全国开展增产节约运动。在运动中发现一些干部铺张浪费，进而发现资产阶级腐蚀拉拢少数干部，行贿受贿、偷工减料、窃取国家经济情报等问题严重，于是针对这些问题开展了“三反”、“五反”运动。这些运动旨在巩固人民政权，但它在铲除毒瘤的同时也为新风打开了通途，建国初期的良好社会风气与共和国头七年所进行的各种各样的社会改革分不开。这一章的第四节“移风易俗的社会改造”就是按照这种认识安排的。

第五章“全面恢复国民经济”和第六章“过渡时期总路线与第一个五年计划”之间的逻辑是，全面恢复国民经济作为一五计划制定的前提来写。接下来的第七章“社会主义工业化的奠基”和第八章“基本完成适合中国特点的社会主义改造”体现了一化和三改的顺序和地位：先有工业化，后有社会主义改造，工业化是“主体”，改造是“两翼”。

第九章是“人民共和国宪法的制定与社会主义政治制度的确立”。乍一看这一章应该再往前一点，因为众所周知，一届人大会议是1954年召开的，而社会主义改造已经到了1956年。实际上社会主义改造的高潮和完成在1956年，它的实践活动则早于此。以农业互助合作运动而言，1951年就开始了，而资本主义工商业的扩展公私合营发生在1954年。这是从时间、从当时历史的发展、从推进历史的进程来看。从历史唯物主义基本观点出发，经济是基础，有了社会主义经济的开辟，才会有社会主义政治制度的建立。第九章安排在社会主义改造之后，既考虑到历史逻辑，也照顾了理论逻辑。

后边三章分别是教育文化科技、军事和外交，带有专题性质。最初有些内容是按时间排在各章之中的，随着一遍遍的修改，逐渐的越来越集中，就成了现在这种格局。每一章内部分门别类，每类依时间为序。

此外，在突出国史特点上，第一卷也下了功夫。除不过多反映党的会议，更侧重于治国理政的国务活动外，在谋章布局时，注意增写文学艺术、教育、科技、军队与国防建设、卫生、体育、民族宗教、社会风尚、气候灾害等方面的国家大事。

比如，“全面恢复国民经济”一章中设有“城乡交流和内外交流”一节。城乡交流活跃经济生活，内外交流突破封锁禁运。不再只是讲党的经济政策，而是侧重于分析国家的经济活动。在“工业化的初步成就”一节中设“工业化带动城市建设”一目，实际上是讲工业化与城市化的关系。虽然20世纪50年代还谈不上城市化，但大规模的工业建设带动了一批新兴工业城市的诞生，不能不成为后来城市化的起点。在“改革旧教育制度”一节中专门设“建立各级学校政治思想教育制度”一目，阐述了新中国的教育把培养社会主义全面发展新人作为教育工作总的指导方针，各级学校政治思想教育在党组织统一领导下，青年团、学生会、工会等群众团体发挥助手作用，初步形成了由马克思主义理论教育、时事政策教育和日常思想品德教育组成的政治思想教育架构。在“科技文化事业的新生”一节中加写“体育事业的崭新局面”，简述新中国成立初期开展群众性体育运动，提高全民族的健康水平，迅速攀登世界体育运动高峰的初创历程。我们认为这些都是国史的题中之意。

在照顾历史逻辑和理论逻辑的统一的同时，为做到脉络线索清晰，取舍标准统一，不同分量事件的安排，参照《史记》的做法，凡大事件均放在本纪中，列专章专节来写，次要一点的而又不能不涉及的事件，分别插入各列传中，也就是节以下或者在有关段落中加以叙述，便于读者看出这段历史的轮廓和历史变化。

第一卷的篇章结构是否做到了历史逻辑和理论逻辑的统一，尚待读者评说，不过2009年30个部委第一次送审意见对第一卷的评价多多少少使我们感到欣慰。他们认为“本卷撰写重点突出，观点明确，文字简练。特别是有关章节的结构布局和内容取舍，处理得比较好。”

第二，“提炼一些历史性的东西”。

只有客观地反映历史，才能使人信服。但是，把历史材料不加分析地堆在一起是否就是客观地反映了历史，那样的东西又能给人以多少启发，是值得思考的。其实，科学意义的写史，是善于从纷繁复杂的历史现象中提炼历史性的东西。什么是历史性的东西？一方面是指对重大事件的来龙去脉、重大决策过程的研究，有一个相对准确和稳定的认识；另一方面是指关注和梳理决策的历史根据。具体讲，首先是一项决策是否适应了历史的变化，顺应了历史发展的要求；其次是决策以后付诸实践，又使历史和社会有了什么进步，使国务活动和国家生活有了什么变化。提炼和挖掘这些发展变化，更能体现历史整体面貌。

比如，粮食统购统销政策是基于粮食紧张，解决粮食紧张的根本出路在于增加粮食产量，而粮食增产，靠小农经济潜力很小，必须依靠合作化并在合作化基础上适当进行技术改造。因此，互助合作、粮食征购成为对农业进行社会主义改造相互联系、相互促进的两大战略措施。同时，实行粮食统购统销就要限制私营粮商，不允许自由经营粮食，只能做国家销售粮食的代销店。私营粮食加工厂只能接受国家粮食部门的委托加工，不得自购粮食、自销成品，这就构成对粮食行业私营工商业的全行业的改造。粮食统购统销以后，接着实行油料的统购和食油的统销。1954 年，又实行棉花的统购和棉布的统销。这些都成为推动私营工商业社会主义改造的重要步骤。这里所说的是粮食统购统销政策对于社会主义改造的双重作用，是学术界的共识，也在众多的国史党史书籍中得到反映。但是，当初党和政府在实行这一政策时是怎么评估的，有没有把握成功呢？第一卷没有满足于只是把结论摆出来，而是加写了下面的一段话：

“由于粮食统购统销的实行涉及城乡几乎每一个人的生活，中共中央作出统购统销的决定后，号召全体党员和各级干部深入基层，把这项工作作为极端迫切的经济任务和政治任务担当起来。当时党和国家决策者相信，依靠党同农民从土改以来建立的密切联系，加强对农民的思想政治工作和阐明社会主义前途的总路线教育，加上统购中充分考虑农民的合理利益的政策，这项决定是能够得到农民的支持的。事实证明了这一点。”这就把决策者制定政策时的考量和为什么对这项政策实施有信心表述出来了。

再比如，写国史必然要写《宪法》，但写法各有不同。一般来说，多数国史书都着重介绍《宪法》的制定和《宪法》的内容，鲜有分析《宪法》特点的，第一卷辟出一个目谈《宪法》的特点。在阐述《宪法》是如何体现灵活性的，第一卷写到：“灵活性表现在，这场深刻的变革非一朝一夕所能完成，因而用‘逐步消灭剥削制度’加以规范。如明确劳动群众集体经济所有制的半社会主义经济是‘走向集体经济所有制的过渡形式’。对资本主义工商业，国家鼓励和指导它们转为‘各种不同形式的国家资本主义经济’，‘逐步以全民所有制代替资本家所有制’。像毛泽东所指出的：‘形式不是一种，而是各种，实现不是一天，而是逐步，这就灵活了。’

同样，关于公民权利的物质保证，《宪法》要求，‘逐步扩大劳动就业，改善劳动条件和工资待遇’，‘逐步扩充劳动者休息和休养的物质条件’；‘逐步扩大’社会保险、社会救济和其中卫生事业的设施和其他文化教育机关。”第一卷的结论是：“《宪法》的这些灵活性就把眼前利益和长远利益有机地结合起来，既不至于忽视现实生产力水平而提出过高的福利标准，又不会囿于现有条件而忘记不断改善劳动人民的经济地位。”

第一卷还注意联系《共同纲领》分析《宪法》的特点。第一卷指出，《共同纲领》在新中国初期具有临时宪法作用，但它毕竟不是宪法，很多内容带有政策性，有的甚至直接称为政策，如“经济政策”、“文化教育政策”、“民族政策”、“外交政策”。而《宪法》在文本上则相当规范，不仅从形式上完成从临时宪法到正式宪法的过渡，而且在内容上也较《共同纲领》有所前进。《宪法》在“序言”中概括了中国共产党在过渡时期总路线的基本内容，这是对《共同纲领》的重大发展。《共同纲领》基于当时的社会状况，没有明确规定社会主义的目标，而是通过具体政策保证实际上向社会主义发展，让人民群众通过实践认识和选择这个前途。在阐述国家政体时，《宪法》规定，全国人民代表大会是最高国家权力机关，是行使国家立法权的唯一机关，地方各级人民代表大会是地方各级权力机关，改变了《共同纲领》“人民行使国家政权的机关为各级人民代表大会和各级人民政府”的规定。《宪法》还制定了比较完整的人民代表大会制度，包括全国和地方各级人民代表的产生、每届任期、会议制度、职权以及机构设置等，这些都是《共同纲领》所不曾有的。关于公民权利和义务，《宪法》的规定更全面、更具体，而且《宪法》一概使用“公民”一词，不像《共同纲领》那样分为“人民”和“国民”。这样的叙述就把《宪法》对《共同纲领》的发展烘托出来，足以说明新中国政治发展的前进步伐。

还比如，人民代表大会制建立的历史条件。人民代表大会制是我们国家根本的政治制度，这部分内容理应成为国史的重头戏，要浓墨重彩加以书写才对。但在一些著作中只讲第一届人民代表大会如何开幕，通过了什么决议，选举了哪些国家领导人，人民代表大会制度由此产生，没有讲清楚“为什么产生”和“怎样产生”的缘由，缺乏历史感。第一卷在此基础上前进了一步，在这一节中开宗明义地先讲“人民代表大会制度建立的历史条件”。

首先，人民代表会议制度成为地方政权向人民代表大会制度过渡的普遍组织形式。人民代表会议制度肇始于解放战争时期的根据地政权，1945 年 10 月，陕甘宁边区参议会和边区政府发出通知，要求乡级参议会改为乡人民代表会议。1948 年后，各解放区普遍建立人民代表会议，产生各级人民政府。在农村，建立人民代表会议是与土地改革密切联系的。各地先是把以贫农团为骨干组织的农会作为临时性基层政权，开展土改运动。当群众普遍发动起来，阶级觉悟大为提高以后，便出现了民主建政的良好氛围。在此基础上，召开由选民直接选举产生的区、村（乡）人民代表会议，作为区、村（乡）两级权力机关，并以代表会议选举产生的政府作为行政机关，实行议行合一的政治制度。在城市，尤其是新解放的大中城市，由于情况比较复杂，人民代表会议很难立即召开，因而一般是先建立军事管制委员会，作为临时性的政权机构。在军管会的领导下，先召集各行业各界座谈会或组织各种群众团体过渡到人民代表会议。新中国成立以后，毛泽东及时转发华北各城市召开人民代表会议的经验，即每次会议抓紧解决广大群众迫切要求解决的一两个（一般都是以当前生产中最重要的）问题。决定后年一定要贯彻执行，不能执行的，加以解释，以取信于民。会前的筹备工作一定要充分，推选代表既要有严肃性，又要有广泛性。会议期间要虚心征询各方面意见，解答问题，使每一个代表都有发言的机会，有关负责人要向会议代表认真报告政府工作。毛泽东对这个经验给以很高的评价，认为“可为一切各界代表会议或人民代表会议所取法”，因为召开人民代表会议的意义是“团结各界人民、动员其中完成剿匪反霸、肃清特务，减租减息，征税征粮，恢复与发展生产，恢复与发展文化教育直至完成土地改革的极其重要的工具。”

其次，省、市、县各界人民代表会议三个组织通则是人民代表会议制度向人民代表大会制度过渡的法理依据。这三个文件给予人民代表会议以合法的地位和权力，经上级人民政府批准，各级人民代表会议可以听取和审议地方各人民政府的工作报告，审查和批准地方各级人民政府的预决算，选举产生地方各级人民政府。不难看出，三个组织通则不仅赋予各级人民代表会议行使的各项职权，而且已经明确规定人民代表会议部分代行人民代表大会的职能了。

最后，1953 年颁布的《选举法》和全国普选，是人民代表会议制度向人民代表大会制度过渡的重要的民主实践。《共同纲领》之所以规定由中国人民政治协商会议的全体会议执行全国人民代表大会的职权，就是因为普选的全国人民代表大会没有召开。因此，普选是人民行使当家作主权利的重要步骤。有了这一条，人民代表大会制度建立的条件也就具备了。

此外，第一卷还就什么是人民代表大会制度作了科学的概括，即“以人民代表大会为主体的，由人民代表大会作为国家机关体系的核心实行人民当家作主的国家政权组织形式。”并指出，中国的人民代表大会制度，既同资本主义国家“三权分立”的议会制度根本不同，也有别于列宁、斯大林领导下建立的苏维埃制度。它的特点和优势表现在：第一，便于人民群众参加国家管理，有利于联系群众和接受群众监督。因而是最能吸引和调动广大群众的政治积极性，集中人民群众智慧和创造能力的政治制度。第二，便于发挥中央和地方两个积极性。在中央的统一领导下充分发挥地方的主动性和积极性，既是民主集中制的一项重要内容，又是中央和地方国家机构职权划分必须遵守的一项基本原则。因此，在国家事务中，凡属全国性的，凡需要在全国范围内决定的重大问题，都要由中央决定，地方服从中央，下级服从上级，只有这样，才能统一全国人民的意志。在保证中央的集中统一领导下，地方再因地制宜和因事制宜地解决地方性的事物。第三，便于形成有效的工作机制。这一点，除了人民代表大会职能外，更体现在人民代表的构成上。人民代表来自不同工作岗位和生产岗位，开会时他们代表人民行使权力，听取和反映人民的意见和要求；闭会时，他们又回到各自的岗位，及时向选民或原选单位传达大会制定的法律及各项决议的基本精神，并以自己的模范行为认真贯彻执行。这种从群众中来到群众中去，体现了民主集中制的决策和执行程序，充分反映人民的利益和愿望。第四，便于实现民族平等和民族团结。首先表现在保证少数民族人民同汉族人民平等参与国家政治生活，共同行使国家权力。其次表现在保障民族平等的基本政治制度即民族区域自治制度。少数民族聚居的地方实行民族区域自治；在多民族杂居自治机关中，各有关民族都应有适当名额的代表，以保证各民族人民平等地享有管理国家，当家作主的权力，从而实现各民族大团结。

以上的简单列举，旨在说明第一卷在“形成一些历史性认识”方面所作的初步尝试。

第三，心中有数，有的说有的不说。

从来书写历史，都会有明写，有暗写，有甚至不写的。哪些写或哪些不写，为什么不写，不是随意的，自有其根据或者章法可循，不写不等于不知道，不了解，不懂得。有的时候，作者对没有写出来的东西比写出来的更加心中有数，更能把握其全过程，真正是“此时无声胜有声”。

比如，关于新民主主义社会问题。在新中国头七年历史的时候，分歧争论较大的问题有两个：一是是否存在一个新民主主义的社会；二是社会主义改造是否搞早了。这两个问题实际上是相互联系着的一个大问题，即对建国初期社会性质的认识。持肯定观点的认为建国初期的社会是新民主主义的社会，这个社会应该有一个相对稳定的发展以后再向社会主义过渡，仅仅经过三年就开始，显然是过早了。有的虽然不认为社会主义改造早了，但仍然认为建国初期的社会是新民主主义社会。

第一卷认为，建国初期的社会是带有新民主主义性质的不断增加社会主义因素的过渡的社会。这个判断是在准确把握这七年社会发展的实际的基础上形成的。所谓带有新民主主义性质，就是说当时我们确实真心实意地实行了新民主主义政策，众所周知，《共同纲领》就是这么规定的。但同时也应看到在政策把握的主动性上国家也有意识地增加社会主义因素。比如，1951 年 12 月下达的《关于农业生产互助合作的决议（草案）》是在土改还没有完成时作出的，这个决议对后来的农村互助合作运动的发展起了极为重要的作用。这个文件的可贵之处在于它对土改后的农村、土改后的农民作出合乎实际的分析，承认土改后的农民既有个体经济的积极性，也有合作经济的积极性。如果不照顾农民个体经济的积极性，就脱离了当时农村的一部分现实，整个农村工作无法前进，因为有部分农民确实愿意个体单干。反之，如果只停留在满足农民个体经济的积极性层面，就落后于农村的另一部分现实，因为有部分农民互助合作的积极性是生产的需要，是摆脱贫困的需要。文件从已经展开的互助合作运动的情况中找到了三种互助合作形式，整个互助合作运动有一个健康的发展，各得其所，各有所长。现在回过头去看，后来的成就，后来的毛病，都与正确理解和不正确理解，以及如何执行这个决议有重大的关系。农村中互助合作事业普遍开展，是党的过渡时期总路线提出的一个重要原因。

又比如，建国伊始，国家就在广大劳动群众中间开展了轰轰烈烈的唯物史观学习运动，通过讲五种社会形态，使劳动群众认识到人类社会发展的规律，是从低级向高级发展，从没有阶级的原始社会到有阶级的社会，最后再到没有阶级的社会；通过讲新民主主义革命和社会主义革命，使大家认识到中国革命必须分两步走，两个革命是相互衔接的、不可割裂的，前途是共产主义；通过讲国家，使大家认识到新旧中国国家本质的不同，三大敌人统治下的国家是压迫人民的工具，新中国是工人阶级领导的工农联盟为基础的国家，人民是国家的主人。后来结合《毛泽东选集》的出版，学习《实践论》、《矛盾论》，成为宣传普及马克思主义唯物论辩证法的高潮。这些宣传教育，在全民中树立的是社会主义的价值观，在这同时，发生在思想文化领域对电影《武训传》的批判、围绕《红楼梦研究》的批判，也都是旨在以马克思主义为指导，用无产阶级思想清除地主买办阶级的反动思想，批判资产阶级思想。

这些都在实际上增加了全国范围内的社会主义因素，等于说，在某些方面已经开始了社会主义改造的初步工作。再加上三年经济发展出现了一些新情况、新变化，调整工商业帮助民族资本主义渡过困难时期，使其中一些企业纳入到国家资本主义的轨道；“五反”运动提高了私营企业中工人阶级的地位，推动了工人监督和民主改革，使资产阶级认识到只有合法经营，向工人阶级靠拢才是出路，为后来的以和平方式逐步改造资本主义工商业做了重要的铺垫。这些都是中国经济社会在三年当中发生的超出预期的变化。所以，毛泽东不同意“巩固新民主主义秩序”的提法，认为新民主主义社会既然是一个过渡的社会，每天都在变化，怎么巩固呢？根据变化了的新情况，毛泽东提出不是十五年、二十年以后再过渡，而是从现在起就开始过渡。他形象地掰着手指说，就像过桥，一年一步，两年两步，用十到十五年或者更长一些时间完成。用周恩来的话说，叫作瓜熟蒂落，水到渠成。

当然，这里面是有变化的。第一卷没有回避这些变化，而是从正面叙述了毛泽东原先的设想和后来的变化，以及变化的根据，重点在阐述清楚变化的根据。

这条主线在书中是清晰的，但没有在明处单摆浮搁，是散在各个环节的点上，这些点有暗线串起来。这种安排一来是因为史书不是论文，不应用论战式体裁；二来是觉得以事实为依据，有些话不必说的那么直白，事实讲清楚了，读者自然会明白其中的道理。所谓“此时无声胜有声”即是此谓也。另外，限于是头七年的历史，我们也没有用当下的语言去修饰，具体的表述说新中国选择由新民主主义过渡到社会主义是历史的必然、是人民的选择，从总体上来看，是符合中国历史发展要求的，也是符合世界发展趋势的，也推动了中国社会经济和生产力的发展。对这一过程中的成败得失始终放在探索社会主义道路的历史背景下审视衡量。这样说话，更接近于文件语言，是强烈的宣传体味道，可是作为旁观者的一个评价，我们还是坚持平实、可信。

第四，利用吸收新史料、新成果。

史料的权威性和写作的规范性是全书的要求，第一卷也不例外。以原始材料为本，以真实可靠的档案材料为主要依据，确保史料翔实可靠，但也防止不作分析的史料堆砌。叙述上史论结合，夹叙夹议，分析评价恰如其分。行文上运用正史史笔，精确严谨。注解注释力求规范得当。

尽量掌握第一手资料，包括及时补充吸收国史党史学界的最新研究成果。经统计，第一卷中旁征博引的文献档案材料，20 世纪 80 年代以前的占 9. 89%；20 世纪 80 至 90 年代的为 30. 21%；20 世纪 90 年代至 2000 年代的为 54. 94%；2000 年以后的为 6. 59%。由此可以看出，20 世纪 90 年代至 2000 年代的文献档案材料居一半以上，这符合我们国家档案文献出版和研究状况的实际。那十年，关于共和国头七年历史的文献档案和研究成果是集中涌现的时期，为第一卷提供了厚实的学术基础，成为第一卷征引的主要来源。

第五，充分地合理地吸收 30 个部委的意见和建议。

30 个部委参加审读的同志们以严谨求实的科学精神，对书稿的观点、结构、史实、文字提出很多重要的修改意见和有益的补充建议，使改稿工作获得很大的收益。国家统计局还根据中央领导的指示，审核了《国史稿》的大部分数据。《国史稿》编委会非常重视各部委的意见，及时作出安排。统稿小组分别汇同各卷主编从内容的充实到理论的提升，从史料的运用到行文的章法，都进行了认真修改。使全书成为一部政治性和学术性、党性和科学性都非常强的国史力作。

第一卷积极吸收部委的意见。比如，有的部委提出，对 1955 年春夏之交毛泽东对农村形势的估计发生变化的原因应做些分析，否则从文中看不明白毛泽东为什么发生变化。我们感到这个意见很有道理，加上一段话，更有利于全面把握毛泽东的思想。至于加什么话，颇费了一番思量，最后决定还是用毛泽东自己的话比较贴切，在书中第194页加上如下一段：

“他（指毛泽东——笔者注）认为这不是快与慢的速度之争，他指出‘五亿多农村人口的大规模的社会主义的革命运动，带有极其伟大的世界意义，我们应当积极地热情地有计划地去领导这个运动，而不是用各种办法去拉它向后退’。”

又比如，有的部委指出陈云在1950年6月6日中共七届三中全会的发言，题目是《关于财政经济工作》，中央文献研究室在编辑《陈云文集》时将题目定为《目前的财政金融状况》。这两个题目，究竟哪个更贴切？考虑到《陈云文集》是晚近出版的，一般来说，注释采用最新版本，我们便采用《陈云文集》的标题：《目前的财政金融状况》。

《国史稿》不是一般的学术著作，而是一本集体著作，是集体智慧的结晶，其中就包括30个部委的领导和专家的智慧。可以说，这部书反映了党和国家对自身历史的基本认识，同时也反映了国史党史学界的主流观点，因此它才能成为权威性的、有公信力的当代中国史著作。

三、第一卷的编写经验

第一，从史观看，一开始就立足于写共和国通史，治史的视野是开阔的。当代所建所伊始，老一辈领导就要求研究人员，新中国的历史是全面发展的历史，应当全面地研究。写国史，就要把社会主义建设中涌现出来的大量惊天动地的英雄人物和宏伟业绩反映出来，把社会主义历史潮流在中国冲决种种艰难险阻而奔腾前进的必然趋势反映出来，把马克思主义在中国的胜利反映出来，把党和人民探索社会主义建设道路的历史经验和教训总结出来，这就要求在史观上是通达的，防止视野过窄，涉及面过窄的倾向。通过学习，大家认识到毛泽东关于党史研究要取古今中外法就是全面的方法。列宁提出："要真正地认识事物，就必须把握、研究它的一切方面、一切联系好'中介'。我们决不会完全做到这一点，但是，全面性的要求可以使我们防止错误和防止僵化。""全面性的要求"成为我们研究编撰国史的根本要求。从一切必要的方面研究和反映中华人民共和国的发展历程，写出来的国史才会是真实的、准确的、丰满的。除了在思想上树立这样的观念，在实践中，从第二轮开始，要求不分研究室不分时期，讨论任何一卷，研究人员都要全体参加，以便大家了解共和国的整个轮廓和脉络，有了大的背景知识，才能更恰如其分地写好具体历史阶段。

当时也曾规划，一旦国史通史写完，立即分门别类的写各专门史，经济史、政治史、文化史、外交史等等，甚至还有人物的专史，比如前十年的毛泽东至少可以写两本，周恩来也可以写两本，还有刘少奇、陈云、邓小平。在"博"的基础上"专"，符合学术规律，避免了新人一入行就陷入狭窄的巷道而打不开眼界的弊病。

第二，从理论储备看，要求学习马克思主义历史科学方法，掌握理论武器。除了《马恩全集》、《列宁全集》、《毛泽东选集》外，特别要求重点读《建国以来毛泽东文稿》、《陈云与新中国经济建设》、《若干重大决策与事件回顾》等。值的一提到是，读书不是死读，也不是采取读书小组的形式，而是有重点的、有选择的、有目的的读。比如，要求大家认真读马克思《路易·波拿巴的雾月十八日》，这篇不太长的被恩格斯称为"天才的著作"的文章对国史研究者来说，可称得上是经典之作。读毛泽东的《论联合政府》，因为这篇文章写了国共两党、两个战场，既有历史，也有理论，用历史来论证现实，证明现实问题不是偶然出现的，是历史发展过来的。在一万多字的篇幅中，把1924年至1945年这21年总的历史脉络、历史规律写得清清楚楚，对国史写作很有帮助。读《关于建国以来若干历史问题的决议》，一方面，掌握评价历史事件人物的标准和政策界限，另一方面，按《历史决议》写，也要做一些新的补充和发挥。

这样的理论学习，就是学有用的、学管用的，不是眉毛胡子一把抓，书目列了一大堆，没有针对性，最后没取得效果。

具体到第一卷，要求我们还要系统地阅读三大战役以后直到1956年毛泽东的言论和文章，全面地、准确地把毛泽东在这七年的思路和活动搞清楚，然后再来看章节的安排和次序的安排，以求把中央领导集体前七年的理论和实践都如实地反映出来。

鉴于初期来当代所的，大多数是搞理论研究的，从理论研究转到历史研究，是一个学科的转移，谈何容易。因此要求他们读一点历史书。《史记》中的《项羽本纪》、《高祖本纪》等都是必读的。

对胡绳主编的《中国共产党的七十年》，要求全体研究人员通读，读的同时思索，这本书已经写过的有哪些内容、提法、论断、事实在我们的国史中必须写，还要考虑用什么样的形式、语言、结构，把那些必须移植过来的东西写好。然后再考虑哪些内容和事件是这本书中没有写或者写的简单的，我们国史中应该详细写、展开写。每个重要问题都从这三方面考虑，最终为总体设计中华人民共和国史书稿做准备。

由此可见，经过对经典理论的学习，对历史学著作和历史科学方法论的学习，打好了运用这个方法解决国史写作的基础，理论准备充分了，后来的研究和撰写工作可以少走弯路。

第三，从理论联系实际看，老一辈领导用他们的亲身经历给年轻学者讲了许多历史背景，历史感受，有助于国史学者加深对历史以及政策的理解。这实际也是一种调查研究。由于相隔久远，历史研究的理论联系实际常常停留在对历史资料和文献的搜集整理上，调查研究也没有超出这个范围。相比之下，当代史研究要便利一些，可以做访谈、口述史。当代所更便利一些，因为许多指导我们工作的老同志是共和国史上很多重大事件的亲历者、见证人，他们的娓娓道来，对于写作者真是一笔丰厚的财富。我印象深刻的有，关于土改时农村土地状况。东北和内地不一样，内地是土地占有很集中，土地使用很分散。地主集中占有土地，分散租给农民耕种。东北是土地占有很集中，土地使用也很集中。地主大量占有土地，不是分散出租，是集中出租。租地主土地的，不是雇农，是佃农。佃农分佃富农，佃中农。佃富农多的可以租上百亩地，佃中农也租种地主几十亩土地，他们能有五六头牲口，两套大车，两套犁杖，雇佣大批劳动力，长工十个八个，农忙时雇大批零工。知道了这样的土地关系，就不难理解1950年东北局率先在农村开展互助合作运动的缘由了，单干的农民对大片的土地会感到力不从心，尤其是大牲口不可能家家都有，所以，要生产，就必须合作，几户或十几户的互助合作。

还有，说新疆土地改革，开始进行得比较顺利，土改一搞，农民起来了，领导头脑就有点热，想同时搞牧区土改。新疆牧区搞了，其他少数民族地区怎么办？不能搞单打独斗。更主要的是，农村土改，地主反抗、破坏，但土地没法拿走，破坏起来很困难。而牧区就不同了，如果采取不适当的政策，一声号令，牧主一夜之间就可以把他的牲口全部杀掉，造成整个牧区经济的破坏。所以，牧区改革和农村改革不仅仅是个时间先后的问题，是不能等同于农村改革的问题。党中央采取慎重缓进的方针，是经过充分考虑的。后来在实际中是采取赎买和公私合营的政策。

掌握了这些背景知识，对土改这一节的表述底气就足了，对不同政策的解读也更有据了。

四、一点感想

回到题目上来，破一下题。“成功源自坚守”，坚守什么？

一是坚守国史的性质，站在社会主义的立场上，运用历史唯物主义的观点书写大历史。从国史研究起步开始，老一代领导就谆谆教诲我们，中华人民共和国的存在和发展，推动了整个人类历史的进步和发展。研究和撰写共和国史，把中国人民建设社会主义的历史经验总结出来，贡献出来，对于中国和世界，对于今天和明天，都将产生不可估量的巨大影响。在这样一个人口众多的大国，克服种种艰难险阻，坚持了社会主义，这在20世纪的社会主义运动史上，在世界和平与进步事业的发展上，都具有极其重要的意义。它的地位之重要、作用之巨大，是举世公认的。撰写国史是“维护中华人民共和国利益和荣誉的光荣任务”，这句话深深根植于当代所每个人的心中。我们知道，尽管国史同属于历史学科，但如果把它等同于其他二十六史，作一般意义的学术考量，就是降低了它的地位和作用。党中央赋予当代所这项任务，我们就应该勇敢地担起这副沉甸甸的担子。我们的书不仅要给人以理论上的启发，而且要给人以精神上的享受。因此，在写作过程中，所有参与者不敢有丝毫懈怠，大家抱着敬畏的心情，始终抱定一个目标，为国家写史，为人民立传，写好一个“可爱的中国”。

二是坚守这份职责，任何时候都矢志不渝。当初我被中国社科院常务副院长丁伟志推荐来当代所，才40岁，刚刚在中国人民大学破格晋升为副教授，又躬逢国史写作盛事，好不春风得意。谁能想到，一部国史，20年风雨写就，待它出版之时，我已经62岁了，哪里是两鬓斑白，简直就是鬓发皆染霜！岁月蹉跎，不能不感慨系之。不仅是白驹过隙，时光的消磨，还有事业的顿挫。最困难的时候，第一卷只有我一个人在战斗，其他各卷还能有几名助手。《国史稿》又不能在正常的工作中排上位置，一切都只能是在业余时间自己挑灯夜战。常常是窗外终日喧闹的三环路都沉静下来了，我仍在掩卷沉思。那个时光，《国史稿》能不能出版是看不到希望的。但我没有退缩，没有放弃。我不想奢谈自己有多么高的觉悟，也不想用“无私奉献”这种时髦的词语装饰自己。那么，是什么支撑着我坚持下来？就是对事业的一份守望，对职责的一种坚持。我可以不夸张地说，《国史稿》的编写者、特别是后期改稿的同志们，认定为国家写史，为共和国立传是神圣的事业，能亲身参加这一事业是光荣的，也是幸运的。对党中央交办的任务，我们一定克服各种困难，集中精力，排除干扰，克勤克俭，竭力虔心地去完成。这么多年来，我们写《国史稿》没有报销过一分钱课题费，没有领过一分钱补助。这表现了国史研究者的良知，也表现了国史研究者的素质。《国史稿》经中央批准出版，对我们是大的奖励，一切困苦和辛酸都化为乌有！

说起来也是机缘巧合，第一卷由我来写这份总结，却也再合适不过了。到目前为止，我是唯一参加了第一卷写作与修改的全过程的人。

由于我们的学识水平有限，《国史稿》的疏漏和欠妥之处在所难免，殷切期望广大读者和同行不吝赐教。一段历史是会完结的，但对一段历史的认识却会不断深化。国史的研究是开放的，与时俱进的。《国史稿》的表述，是我们今天对这些历史的认知与评价。随着社会前进，当回过头来再观察这段历史的时候，还会有新的发现、新的认识，还会受到新的启迪。这就为今后的增补修订留下空间。我们一定会虚心地进行修正，使《国史稿》成为无愧于时代的传世之作。另一方面，在这里和读者见面的《国史稿》仅仅记录了共和国35年的历史，今后还要续写她以后的辉煌。事业待来人，《国史稿》第五、第六卷乃至第七、第八卷要靠年轻人去完成了。

我们相信，国史所承载的丰富的历史知识、历史经验、历史智慧会很好地惠泽后人，鼓舞全党全国各族人民更加意气风发地投身改革开放和社会主义现代化建设，把中国特色社会主义伟大事业和中华民族的伟大复兴推向前进；必将不断地激励人们继续开创中国特色社会主义道路和中国特色社会主义理论体系，在中华民族伟大复兴的征程上，续写辉煌。

《中华人民共和国史稿》第二卷撰写中对几个问题的思考

《中华人民共和国史稿》第二卷主编
中共中央党史研究室原副主任
张启华

谈谈《国史稿》第二卷撰写过程中在五个问题上的一些思考。

一、探索是开始全面建设社会主义10年的主题和主线

《国史稿》第二卷写1956年三大改造完成至1966年“文革”发生前这10年历史。这是我们党带领全国人民开始全面建设社会主义的10年，波澜壮阔，而又曲折复杂，成就大，犯错也多。人们的评价就众说纷纭。所以认识这段历史，首先要确定主线。主线是纲，纲举目张。纲定下来，第一，决定我们对这段历史全貌的认识，确定全书基调；第二，决定全书布局、章节结构等（全书各章都是主线的有机组成部分）。

主线，作为贯穿一个时期的红线，在各阶段呈现的面貌和表现的特点会有不同，包括在有的阶段犯了错误、遭受挫折；但总方向、总目标一以贯之。

确定这10年主线，在当时有两个基本依据：

一是《建国以来党的若干历史问题的决议》（1981 年 6 月党的十一届六中全会通过）第 6 条对建国后 32 年（1949—1981 年）历史的基本评价。

《历史决议》说：这 32 年，“总的说来，是我们党在马克思列宁主义、毛泽东思想指导下，领导全国各族人民进行社会主义革命和社会主义建设并取得巨大成就的历史。社会主义制度的建立，是我国历史上最深刻最伟大的社会变革，是我国今后一切进步和发展的基础。”

我们从中体会到观察历史的眼光和方法：尽管这 32 年中，有曲折，有错误，甚至有“文化大革命”这样全局性、长时间的“左”倾严重错误。但对这段历史的总体评价是这样。这就是站在高处对一段历史进行总体评价，所应具有的历史眼光和应把握的方法论原则。

国史二卷这 10 年，包括在这 32 年中。所以，这一评价适用于这 10 年。

二是胡锦涛同志 2006 年七一讲话中对中国共产党历史的总体评价。讲话中讲到我们党在 85 年历程中干了三件大事：第一件，在新民主主义革命时期，历经 28 年艰苦斗争，领导人民革命取得胜利，建立了人民当家作主的新中国；第二件，在社会主义革命和建设时期，确立了社会主义基本制度，在一穷二白的基础上建立了独立的比较完整的工业体系和国民经济体系，使古老的中国以崭新的姿态屹立在世界的东方；第三件，在改革开放和社会主义现代化建设时期，开创了中国特色社会主义道路，初步建立起社会主义市场经济体制，大幅度提高了综合国力和人民生活水平，为全面建设小康社会、基本实现社会主义现代化开辟了广阔前景。胡锦涛同志说：“这三件大事，从根本上改变了中国人民的前途命运，决定了中国历史的发展方向，在世界上产生了深刻而广泛的影响。”这三件大事，是对迄今 90 多年党史的一个总概括。

二卷写的，就是第二件大事这个时期。其中两个重点，一是确立了社会主义基本制度（国史第一卷），二是建立了独立的比较完整的工业体系和国民经济体系。这两个任务的完成，使古老的中国以崭新姿态屹立在世界东方。这是对我们党在改革开放前的30年中取得成绩的客观的、实事求是的肯定，为我们研究这段历史提供了科学的指导思想。

以上所述中央对这段历史的总体评价，至今没有改变过。党的十八大报告指出，以毛泽东同志为核心的党的第一代中央领导集体带领全党全国各族人民完成了新民主主义革命，进行了社会主义改造，确立了社会主义基本制度，成功实现了中国历史上最深刻最伟大的社会变革，为当代中国一切发展进步奠定了根本政治前提和制度基础；在探索过程中，虽经历严重曲折，但党在社会主义建设中取得的独创性理论成果和巨大成就，为新的历史时期开创中国特色社会主义提供了宝贵经验、理论准备、物质基础。这段话为我们研究国史、党史提供了科学的指导。

基于以上基本依据，对整个建国后60多年历史的主题和主线，可表述如下：建国60多年的历史，是中国共产党领导中国各族人民，把科学社会主义的普遍真理与中国具体实际相结合，探索适合中国国情的社会主义道路，逐步形成中国特色社会主义的理论和实践的历史。

这里的关键词有三，一是“结合”，二是“探索”，三是“逐步形成”。其中最重要的是“探索”二字。在探索过程中，我们努力把马克思主义与中国具体实际相结合，但有时没结合好，对马克思主义作了教条化理解，脱离了国情，导致错误发生。经过挫折，改革开放新时期，总结经验教训，正确认识国情，科学对待马克思主义，终于逐步形成中国特色社会主义理论，找到一条在中国建设社会主义的正确道路。总之，我们一直在探索适合国情的建设社会主义道路，经过挫折，总结正反经验，直至找到一条正确道路。这就是建国后60多年历史的一条主线。

正如最近习近平同志在“新进中央委员会的委员、候补委员学习贯彻十八大精神研讨班开班式上的重要讲话”中指出的：“我们党领导人民进行社会主义建设，有改革开放前和改革开放后两个历史时期，这是两个相互联系又有重大区别的时期，但本质上都是我们党领导人民进行社会主义建设的实践探索。”

所以，探索，是这10年的主题和主线。

二、探索中取得成就是开始全面建设社会主义10年的主流和本质

提出这个问题，是针对这个时期犯错多的情况。现在一些文艺作品，涉及这段历史，多是无尽的灾难，说成绩的不多。似乎谈多了成就，是对错误的淡化、谅解以至于辩护。或者问，犯这么多错，还能取得伟大成就吗？

我们作为国史研究者，对我们党经历的这种正确与错误、成功与挫折、巨大成功与巨大挫折错综交织的复杂情况，应该有辩证的思考，应该看到，这种复杂的历史现象，不是偶然发生的，而正是当时党的理论和实践正确与失误交替发生的反映，也是我们年轻的共和国刚刚踏上社会主义建设道路时艰难探索的写照。

历史事实是，这10年探索虽遭重大挫折，但仍取得经济、政治、文化等各项建设的巨大成就，为我国以后的发展奠定了最初基础和宝贵经验。所以，探索中取得的成就，是这段历史的主流和本质。不因犯错讳言成绩，是一种实事求是的科学态度（同不讳言错误道理一样）。

10年的成就可从五方面考察——政治、经济、科教文卫体、外交、军事。这些，在书中都已写出，不再重复。只强调几点：

（一）政治方面

社会主义中国的政治制度，基本上是在毛泽东时代奠定的（这里也包括了建国头七年）。概括来说，中国社会主义政治的核心是实行人民民主专政，国家政权组织形式是按照民主集中制原则组织

起来的人民代表大会制，同时实行中国共产党领导的多党合作和政治协商制度、民族区域自治制度。这些基本政治制度延续至今，已为实践证明是正确的。

包括这个时期战胜了帝国主义、霸权主义的侵略、破坏和武装挑衅，维护了国家安全和独立等方面取得的胜利。

（二）经济方面

毛泽东时代奠定的经济基础，往往受到质疑：或由于在领导经济建设中有过严重失误，或认为没有系统的经济思想，或认为有些经济观点早已过时。这里谈谈如何看待这个时期，我们党在领导社会主义建设的起步阶段，为以后的发展所奠定的经济基础这个问题。

1. 提出许多具有重大意义的经济战略思想对当时经济发展起了积极作用，有些至今仍有借鉴意义。

一是提出突破苏联模式，找到一条适合中国的建设社会主义道路。刚建国时，在毫无经验可循只有苏联模式可借鉴的情况下，许多体制只能模仿苏联，用毛泽东的话说，这是没办法的事。但是在实践中党中央和毛泽东逐渐发现苏联模式的一些弊端。1956 年 2 月苏共二十大风波后，毛泽东终于提出，搞社会主义建设不一定全照苏联那套公式，应该找出在中国这块大地上建设社会主义的具体道路。所以，突破苏联模式，建设适合中国的社会主义道路，这一思想本身，在当时的国际环境下，就是一个巨大的开拓和创造。

八大前后，党中央和毛泽东带领全党在许多领域探索，取得的丰富思想成果，集中体现在毛泽东 1956 年 4 月的《论十大关系》讲话和 1956 年 9 月党的八大精神中。其中提出政治、经济、文化方面的许多重要思想，就是开始提出自己的建设路线，原则和苏联相同，但方法有所不同，有我们自己的一套内容。这种探索一直持续到“文革”发生前。

二是提出中国工业化道路。毛泽东针对苏联东欧一些国家片面发展重工业忽视农业轻工业造成的市场货物不够、货币不稳定、粮食产量长期低下等教训，并从中国大农业国的基本国情出发，创造性地提出中国工业化道路，即以农业为基础，以工业为主导，以农轻重为序安排国民经济，以此为发展国民经济的总方针，实现由农业国向工业国的过渡。把发展农业放在重要位置，并以农轻重为序，是中国工业化道路的重要特点。

三是提出建立独立完整的工业体系和国民经济体系。在当时的社会主义阵营中，苏联以“社会主义大家庭”为由，反对其他社会主义国家建立独立完整工业体系。其他国家大多响应，唯有中国没有就范。毛泽东明确提出，中国一定要建立自己独立完整的工业体系和国民经济体系，实现经济独立以保障政治独立，并为此提出独立自主、自力更生的原则，和自力更生为主、争取外援为辅的方针。在这一原则和方针指导下，我国成功克服了许多难以想象的困难，取得了经济建设的辉煌成就。

四是提出“四化”宏伟目标。毛泽东创造性地提出了社会主义四个现代化总任务及两步走战略步骤。提出有个过程，这里不细说了。总之，分两步走，本世纪内，全面实现农业、工业、国防和科学技术现代化，使我国国民经济走在世界前列，这个宏伟目标，是这个时候提出来的。

五是提出打破封锁，争取外援。至今有种说法，认为我们建国后实行自我封闭，并把建国前夕和建国初提出的政治上“一边倒”方针误认为闭关锁国政策。所以特别要指出，当时主张的“一边倒”，是指政治上同资本主义国家划清界限，而经济上仍进行贸易交往，从未主张关起门来搞建设。但美国政府长期不改变对中国政治上敌视、经济上封锁的政策，且胁迫其他西方国家，对我实行了长达20年的经济封锁和禁运政策。这种形势下，党中央、毛泽东提出打破封锁，争取外援的战略，即一方面坚持自力更生，另一方面争取外援，同时灵活巧妙地开展了一系列反封锁反禁运斗争，取得卓越成效。当时明确提出要争取外援，包括吸收外国资金和科学技术，借鉴外国的先进管理经验等。但在当时国际环境下，难以实现。

六是提出过一些改革经济体制的思想。在60年代前半期的国民经济全面调整时期，毛泽东提出过对经济体制进行改革的思想，主要有：加强中央的集中统一，搞好综合平衡，克服无计划状态和分散主义；改变农村的管理体制和管理制度；注意运用经济杠杆的调节作用；制定各种管理条例，加强经济监督；加强财政、银行监督与检查等。在国民经济继续调整时期，又针对存在的问题，进行了一些探索性改革，主要有：试办托拉斯，用经济组织管理经济；改革企业管理体制；适当扩大企业和地方的管理权限等等。

2. 取得实实在在的巨大成就。

这10年，是开始全面建设社会主义的时期。我们虽有许多失误，但总体看没有放松生产，特别是1961年至1965年的五年国民经济调整，经济有较大发展。一个标志性的伟大成绩，就是我国独立的、比较完整的工业体系初具规模。标准是什么？大致表现为数量、质量和布局。从数量看，10年共建成530多个大中型项目，新建或扩建了大批重要企业。这意味着工业生产能力大幅度提高。从质量看，新兴工业部门迅速成长，新产品、新品种不断涌现，特别是电子、石化、原子能、导弹等新兴工业部门，从无到有，从小到大，从修配到制造，从仿制到自行设计，逐步发展起来。从布局看，除原有沿海工业基地外，广大内地和边疆地区、少数民族地区，许多从来没有工业的地方，办起不同规模的现代工业，建成一批新的工业基地。

总之，这10年建设取得了重大成就。所以，《历史决议》对这10年的结论非常重要：“我们现在赖以进行建设的物质技术基础，很大一部分是这个期间建设起来的；全国经济文化建设等方面的骨干力量和他们的工作经验，大部分也是这个期间培养和积累起来的。这是这个期间党的工作的主导方面。”这些，为之后的经济建设奠定了必要的物质基础。

3. 教科文卫体方面。

这10年中，教育、科学、文化、卫生、体育事业有很大发展，这些在国史二卷都已写了。这里只强调一点，那就是“两弹一星”是在这期间发射成功的，在当时打破了美、苏核垄断，提高了我国防能力，保卫了国家安全。这个意义无论怎样估计都不会过分。试想，如果没有这些，我们的国家能有今天的安全吗？能有今天的国际地位吗？所以，“两弹一星”的发射成功，是我国国家安全的重要基石，是我国大国地位的重要标志，是中国人民把命运牢牢掌握在自己手中的重要保证。

另外，外交方面、国防方面，二卷都有详细阐述，这里就不说了。

总之，在这短短10年中，取得的成就虽是初步的，却是宝贵的。用胡锦涛总书记的话来说，这些成就，“为实现国家的工业化和现代化奠定了重要的物质技术和文化基础，这在世界的发展史上是罕见的。”（1999年纪念五四讲话）

三、正确分析这10年探索中失误原因

失误主要有三，经济建设急于求成，所有制结构急于求纯，阶级斗争扩大化。

（一）对经济建设急于求成（主要是“大跃进”）失误原因的分析

一是从客观讲，我们当时与西方发达国家在经济、科技、军事上的差距太大，造成压力太大，急于赶上，导致急于求成。

二是从主观讲，建设经验不足，对经济发展规律认识不足，加上在胜利面前滋长了骄傲自满情绪，过分夸大主观意志的作用，因而在速度问题上缺乏冷静头脑和正确指导。

三是认为当时具备了高速度条件。第一个条件是，三大改造的基本完成和经济建设取得的巨大成就，促使毛泽东认为，建设速度也应当适当加快。第二个条件是，可利用当时出现的“国际休战时

间”加快建设。1955年召开了两个重要国际会议，4月在印度尼西亚万隆举行的亚非会议，和4—7月举行的日内瓦会议。党中央分析认为，国际形势趋向缓和，应当利用这10至12年的和平时期加快经济建设，提早完成社会主义工业化和社会主义改造。

四是就是错误地把加快速度问题上的不同意见与阶级斗争联系在一起。这是“大跃进”能发动起来的重要原因之一。

（二）对所有制急于求纯，在人民公社化运动中搞“一大二公”、刮“共产风”原因的分析

最根本的原因是超越阶段，即纲领、路线、方针、政策，超越了社会主义初级阶段。我国现阶段处于社会主义初级阶段，这是党中央在十一届三中全会以后对国情做出的基本判断，是对社会主义认识的极大飞跃。但在此前，我们没有这个认识，所以容易在理论和实践中超越阶段。

超越阶段的具体原因：一是实践经验不足，思想准备也不足。“思想准备不足”，指随着社会主义革命迅速胜利，全面开展社会主义建设的任务很快到来，全党在理论上实践上都还没有作好充分准备，特别是对社会主义建设规律和中国经济基本情况的认识还很不够。所以，探索中形成的一些虽说正确的认识，也还不牢固，更不可能形成理论体系，不易坚持，甚至会被自己否定。在阶段这个问题上也是这样。

在阶段问题上，毛泽东有过至少两次正确判断。第一次是，提出过可以消灭了资本主义又搞资本主义（三大改造后，同工商界人士座谈），还把这称作“新经济政策”，认为可以实行相当长一个时期。但由于历史条件限制，这一认识未深入展开也未付诸实践。第二次是后来，当“大跃进”、人民公社化运动给国民经济带来严重损失的错误暴露后，毛泽东带领大家纠错中，又深入思考这个问题，提出我国正处于“不发达的社会主义阶段”，并说从“不发达”到“比较发达”要相当长时期。但这一正确认识同样不但没成为制定政策的依据，反而后来被放弃，导致对所处阶段的错误判断。原因就是实践经验不足，感性认识尚未充分，这一虽说正确的认识，尚不具备达到成熟理性认识的条件。不成熟的理论常与不成熟的实践相联系。但这一思想的提出，意义重大。邓小平后来说，所谓“初级阶段”，就是毛泽东说的“不发达的阶段”。

二是对社会主义建设的艰巨性认识不足。以为社会主义在中国很容易搞成，而对于在中国这样一个经济文化十分落后的国家探索社会主义道路的艰巨认识不是特别充分，把社会主义革命和建设看得相对容易了。这是造成许多失误的一个重要原因，也是造成所有制问题上超越阶段的重要原因之一。

三是对马克思主义的一些重要理论有些不完整的理解。比如，所有制结构急于求纯，与对马克思主义理论中关于“社会主义是全社会占有全部生产资料”这一结论，作了不完整理解有关。这个结论，是马克思恩格斯运用高度理论抽象方法，即把社会主义作为纯粹、成熟形态研究概括出的社会主义基本特征，这种基本特征与高度发达的生产力相联系。我们一度忽略了必须有高度发达的生产力作基础这个前提，希望在生产力相对落后的情况下建立起单一的全民所有制，这就违反了规律，不能不对生产力发展造成消极影响。

（三）阶级斗争扩大化的原因分析

1957 年以后，在阶级斗争问题上的错误，一是把阶级斗争存在的范围扩大，二是把阶级斗争的作用夸大，认为阶级斗争是社会主义社会发展的动力，为此提出“以阶级斗争为纲”。分析原因，有理论上的失误，有国际环境的影响，有制度方面的问题。

首先是理论认识上发生失误。一是社会主义时期阶级斗争不可能始终存在。二是社会主义时期一定范围内存在的阶级斗争不是全局性的，所以不能事事处处，天天、月月、年年讲。“以阶级斗争为纲”把一定范围存在的阶级斗争夸大了、绝对化了，认为社会主义制度建立后，还存在全社会范围的阶级对抗，还要进行一个阶级推翻另一个阶级的政治大革命，最后概括为“无产阶级专政下继续革命的理论”，成为发动“文革”的理论基础。三是阶级斗争不是社会主义社会发展的动力。社会主义社会发展的动力，只能是生产力。根据马克思主义的基本原理，只有生产力才是社会发展的根本动力。在社会主义社会，阶级矛盾已不是社会的主要矛盾，所以一方面，阶级矛盾虽在一定范围存在，但不能成为工作重点；另一方面，大量存在的社会矛盾已经不是阶级斗争。所以“以阶级斗争为纲”，在理论上是讲不通的。理论上的失误，导致了严重后果。

其次是国际环境的影响。“以阶级斗争为纲”认识的形成，除主观认识上的失误外，与当时国际环境的影响也不无关系，有国际环境的恶化反映到国内生活和经济建设里面的因素。例如1956年，毛泽东从苏共二十大、国际反苏反共浪潮、匈牙利事件等总结说：不依靠群众进行阶级斗争，不分清敌我，这很危险。东欧一些国家的基本问题就是阶级斗争没搞好，那么多反革命分子没肃清，现在自食其果，火烧到自己头上来了。这就是当时的国际环境对他阶级斗争理论形成的影响。

第三是制度方面的原因。邓小平谈到毛泽东晚年失误时说过：“最重要的是一个制度问题。……因为过去一些制度不好，把他推向了反面。”一些制度不健全（这也是一种时代、环境的客观因素），使党和国家政治生活的民主制度化、法律化方面存在一定缺陷，也为党的权力过分集中于个人、党内个人专断和个人崇拜现象的滋长提供了一定条件。这也是许多失误发生且不能及时纠正的重要原因。

总之，对我们发生过的错误，要采取历史主义的态度，即把问题放在一定的历史条件下去观察和衡量，着重分析历史背景，而不应该着重个人责任，尤其不能着重从个人品格、个人恩怨找原因。这样分析犯错误的原因，才能比较客观、公允，而且准确、全面。

四、正确评价在探索中发生失误的毛泽东

首先，毛泽东的失误，是探索中的失误。在上述认识的基础

上，我们可以得出一个结论：在新民主主义革命胜利以后，毛泽东在理论和实践上的探索一刻都没有停止。他一直在努力探索如何在中国这块土地上建设社会主义、如何保卫国家安全、如何赶超发达国家、如何维护劳动人民的利益和权利等一系列重大历史课题。他的成功与失误，他的光辉与瑕疵，大多与此相关。他的失误就是在对这些问题的探索中犯的，而丝毫不是为了个人私利。

第二，毛泽东的许多局限是历史的局限，所以我们要把他放在特定的历史环境中考察。建设社会主义，在世界历史上都是开天辟地第一次。所以对建设社会主义的规律的探索，肯定要受到时代的和知识的限制。要求他超越一切限制是不公道的。

第三，对历史中的重大问题和毛泽东等党的主要领导人的是非功过，党中央都已做出郑重的结论。首先做出表率的是邓小平同志。他没有把对毛泽东功过的评价留给后人去评说，而是及时做出了符合实际、符合党和国家根本利益的《历史决议》。小平同志在《历史决议》起草一开始就提出三项基本要求，明确指出：这个决议要确立毛泽东同志的历史地位；要对建国后30年历史进行实事求是的分析，做出公正的评价；要统一全党的认识，引导大家团结一致向前看。他还说，如果决议不阐述或阐述不好毛泽东思想，这样的决议不如不做。在此之后，江泽民同志在纪念毛泽东诞辰100周年、胡锦涛同志在纪念毛泽东诞辰110周年的讲话，以及习近平同志最近的讲话，都为我们指明了研究国史、党史，评价领袖人物的方向。

正确评价历史和历史人物关系全党利益。近多年来，随着思想解放和党内民主的扩大，人们打破禁区、思想活跃，开始以审视的而不是盲从的眼光观察党和国家，评价领袖人物，这是可喜的进步。但这种评论，应该是严肃的、公正的、客观的，而不应该是轻率的、任意的褒贬。因为这是关系全党利益的大事。

所以，我们作为国史、党史工作者，撰写国史、党史，总结经验，要实事求是，着眼大局。要以总结经验教训、鉴往知来，以利于推进党和人民的社会主义事业为出发点；以实事求是地判断历史是非，得出规律性结论，提高党执政兴国能力为目的；以客观公道的态度评价历史和领袖人物的功过，而不应该苛求于前人。

五、正确看待两个30年的关系

（一）探索，贯穿整个60年

60年的历史是一个整体，所以要把握历史的连续性和整体性。头30年与改革开放新时期是紧密联系的。这60多年中，发展最快，最健康的是改革开放后的30多年。但历史不能割断。这30多年的发展与前30年的发展分不开。

前30年，虽历经挫折，但整个看来成绩是主要的，为以后的社会主义建设打下了制度的和物质的基础，提供了许多正反两方面经验。正因为有这些正面经验可以继承，有这些反面经验可供鉴戒，才能有改革开放以来的新发展。

党的十一届三中全会以后，我们党正是在深刻反思前30年经验教训的基础上，与时俱进、开拓创新，才创造性地解决了什么是社会主义、怎样建设社会主义的重大理论问题和实际问题，才成功开辟了中国特色社会主义道路。

所以，胡锦涛总书记在党的十七大报告中指出："我们要永远铭记，改革开放伟大事业，是在以毛泽东同志为核心的党的第一代中央领导集体创立毛泽东思想，带领全党全国各族人民建立新中国、取得社会主义革命和建设伟大成就以及艰辛探索社会主义建设规律取得宝贵经验的基础上进行的。"这为正确认识新中国前29年与后30多年的关系指明了方向。

正如习近平同志最近指出的："中国特色社会主义是在改革开放历史新时期开创的，但也是在已经建立起社会主义基本制度、并进行了20多年建设的基础上开创的。虽然这两个历史时期在进行社会主义建设的思想指导、方针政策、实际工作上有很大差别，但两者决不是彼此割裂的，更不是根本对立的。不能用改革开放后的历史时期否定改革开放前的历史时期，也不能用改革开放前的历史时期否定改革开放后的历史时期。”

所以，中国特色社会主义道路的选择，不是对前30年的否定，而恰恰是在29年奠定的基础上发展起来的，是继承其正确的，改正其错误的，与时俱进地创新发展的结果。

（二）毛泽东与邓小平，是在探索的道路上，继承与发展的关系

党的十四大有一句话：邓小平建设有中国特色社会主义理论是对“毛泽东思想的继承和发展”。这是对毛泽东思想和邓小平理论二者关系的根本规定。“继承”说明了它们的一致性和连续性；“发展”说明了它们的差异性和阶段性。邓小平中国特色社会主义理论把毛泽东思想发展到了一个新阶段。这种阶段的差异，是历史使然。所以，对毛与邓的关系，我的理解是，可以归结为三句话：一曰继承，继承毛泽东正确的；二曰纠正，纠正毛泽东错误的；三曰创造，创造毛泽东所没有的。这样理解，我想也体现了把60多年的历史看作一个整体的想法。

（三）我们党历来在探索中前进

事实上，中国共产党历来有自我批评、自我纠错的能力。在探索中前进，在纠正失误中前进，是我们党的重要执政能力之一。

正确地总结教训，失误便能成为前进的先导。正如邓小平所说，没有“文化大革命”的教训，就不可能制定十一届三中全会以来的思想、政治、组织路线和一系列政策。所以重要的是，犯了错误能自己反思、纠正。

我们党是一个伟大、光荣、正确的党。伟大、光荣、正确，不是说永远不犯错误——这对任何政党、个人都是不可能的，而是说犯了错误能自己检讨、自己纠正。而自己发现，自己纠正自己犯的错误，正是一个郑重的、伟大的、以为人民服务为宗旨的党的特质。并且，我们党从来是在纠正失误、总结经验教训中发展壮大的，也是在这个过程中不断深化对规律的认识，不断深化对马克思主义精神实质的理解，从而在把马克思主义中国化的道路上实现了一次又一次的飞跃。自己纠正错误，是我们党伟大、光荣、正确的重要方面。

所以，我们的结论是：在探索中前进的中国共产党是不可战胜的，过去是这样，今天是这样，今后也是这样。

最后，让我们重温邓小平同志对国史、党史工作的指示。邓小平同志曾多次谈到对总结党的历史的意见。其中，有对具体历史时期、历史事件和历史人物的看法，也有对党史研究的总体意见，贯穿其中的一条主线是：研究党史的重点，是总结经验和教训；总结经验教训的重点，是搞清楚什么是社会主义、怎样建设社会主义；要做到对历史经验的正确总结，必须辩证地看待历史。总之，总结历史的目的是为了开辟未来。邓小平同志强调，总结历史，不要着眼于个人功过，而是要总结成功的经验和失误的教训，经过总结，过去的成功和错误都变成了我们的经验，对于开辟我们事业的未来，是最可宝贵的财富。他说："我们现在的路线、方针、政策是在总结了成功时期的经验、失败时期的经验和遭受挫折时期的经验后制定的。"可见，正确地总结经验和教训，应该是研究党史、国史的重点。

在学习和研究党史、国史的过程中，我深深体会到，纵观历史长河，有着一代又一代人的身影。每一代人都有他们的探索，每一代人都有他们的使命，每一代人都有他们的局限，每一代人都有他们的辉煌。我们不仅要记住前人的失误和教训，也要记住他们的经验和成功。前人的经验和教训，都是他们留给我们的最宝贵遗产，是今天最好的鉴戒。有这样的遗产，有这样的鉴戒，才使我们在今后的漫漫求索中，更加坚定，更加自信，更加不可战胜。

所以，当我们回首往事的时候，丝毫没有理由觉得这段在探索中犯了错误的历史羞于见人，更不应该因为这些失误而否定我们党从新中国成立后至十一届三中全会前的全部历史。

正确认识和对待党的历史，关系党的执政基础，关系国家长治久安。我们永远不要忘记更不要轻率否定我们年轻的共和国刚刚起步时的艰难探索。对这段艰难而光辉的历史和创造了这段历史的我们的前辈，我们永远充满敬意。我们不能忘记更不能否定人民为争取美好未来付出的艰辛劳动，对领导人民走过辉煌而又曲折道路的领袖人物也不能采取一笔抹杀的不公正态度。我们应当站在人民的立场上，运用历史唯物主义的科学方法，正确说明党领导的社会主义革命和建设的历史，为继续探索适合中国国情的社会主义道路，为提高党的执政能力提供历史的依据。

只有这样，历史才会成为我们最好的教师，我们才能从历史这座宝库中汲取到无尽的智慧。

参与《中华人民共和国史稿》第三卷编写工作的一些体会

《中华人民共和国史稿》第三卷主编　程中原

从事《中华人民共和国史稿》第三卷（以下简称《国史稿》第三卷）的写作20年来，的确有些体会。我今天主要结合《国史稿》第三卷的编写工作，讲九点体会。

一、从事国史编研这一光荣事业必须具有使命感，责任心，自觉性

接受参与国史编研工作这个任务，调到当代所来的时候，我感觉到这是我人生的一大机遇，是十分难得的光荣的事业。

有没有使命感，责任心，自觉性，这是可以由实践来检验的。即是否认真负责做好工作，保质保量按时完成任务，这是基本的要求；进一步的要求，就是是否念念不忘于国史稿的编写，也就是不仅尽责，尽力，还要尽心。这“三尽”是检验使命感，责任心，自觉性强不强的标志。当然，这同兴趣爱好也有一定关系。如果兴趣爱好在工作中不强烈，可以在工作中培养。

对使命感、责任心和自觉性的检验，还有一个重要的关口，是遇到挫折、曲折、不顺时，能否坚持，能否坚守，是否充满信心，

毫不懈怠。也就是说在出现前景并不光明并不乐观甚至有些暗淡的时候，态度如何？在这20年中，有曲折、有前景暗淡的时候，要不灰心不懈怠，继续干，坚持干。我记得2011年初，《国史稿》第三次送审，给30个部委审阅。这年春节，有的同志有点忧虑，我比较乐观，认为30个部委审阅是非常好的事情，要从中看到光明。我写诗说："二十年来辨是非，丹青终得照金匮。三审将审成真果，玉兔呼唤大雁归。"结果被我说中了。经过30个部委审查，基本通过。修改稿又经过18个部委再审，再修改，结果红彤彤的五卷《国史稿》正式出版了。这时，我心里也冒出两句诗"廿年辛苦不寻常，手捧史书泪盈眶"。这的确是真实的感受。我感觉我们有使命感，责任心，自觉性，就应该时刻做好准备，无论什么情况下坚持把国史书写好，一有机会就能拿出来；而不能说，有了机会马上要了，才去准备，那就有点滞后了。

二、总的指导思想和大的框架结构必须十分明确

《国史稿》编写工作一开始，指导思想就很明确，邓力群同志十分强调要"维护中华人民共和国的利益和荣誉"。以后又强调要发挥国史资政、育人、护国的功能，要服务于全党全国工作的大局。

在实践中逐步形成必须遵循的若干原则，大致有六点：

1. 必须以马克思列宁主义、毛泽东思想、中国特色社会主义理论为指导，必须运用辩证唯物主义和历史唯物主义的立场、观点和方法；努力做到实事求是、具体分析，努力做到历史与逻辑的统一，力求写出一部具有国家水平的权威性的信史。这里是两个必须、两个努力，达到一个目标。当时安平生同志提出，邓力群同志肯定，我们的国史书要写成国家版本，权威水平。这个目标，我觉得我们基本上达到了。下面创新工程，搞的几本专题史，我想也应该是这个目标，我相信也能够达到这个水平。

2. 遵循两个历史决议，同时要有创新精神。

3. 维护中华人民共和国的利益和荣誉。

4. 紧紧抓住新中国历史发展的主流，大力弘扬成就和经验，正确认识错误，总结教训。

5. 注意体现国史特点。国史与党史的特点有什么不同，20 年来大家反复讨论。我认为讨论很有必要，使大家自觉地清醒地加以区别。我感到更重要的是实践，拿出国史书来，可以更好地讨论什么地方不像国史，什么地方没有体现国史的特点。我们这次总结经验，这应该是个重点。大家都写了许多文章，其中很重要的一个内容，就是分析哪些地方体现了国史特点，哪些地方还不够，哪些地方写得像党史。这是很重要的研究国史特点的方法。

体现国史很重要的方面，就是国史包含哪些要素。邓力群同志一开始就在《当代中国史研究》创刊号上发表文章，提出必须包括 17 个基本要素。后来，李力安同志担任所长，又补充了关于生产力的解放和发展、关于大企业的布局等；我们以后又与时俱进，加进了生态文明建设、社会建设等内容。这样共列出了 24 个基本要素：(1) 版图和祖国统一；(2) 行政区划及其重要变动；(3) 人民代表大会；(4) 共产党的领导和共产党领导下的多党合作、政治协商；(5) 国防和军队，武装冲突和战争；(6) 人口（包括人口政策的变化，计划生育国策的确定和实施）；(7) 生产力的解放和发展，综合国力的提高；(8) 科技进步、发明创造，科技成就及其应用推广；(9) 生产力和生产关系的矛盾和演变；(10) 经济成分和经济结构的状况及其演变；(11) 阶级、阶层关系及其演变；(12) 民主与法制建设，宪法和法律的制定、修改和实施；(13) 政治文明建设，政权机构及其演变；(14) 文化建设和文教科技卫生体育事业的发展；(15) 社会建设；(16) 人民生活的改善提高，人的解放和全面发展；(17) 生态文明建设，人和环境的协调发展；(18) 民族区域自治制度的实施，各少数民族经济社会的发展；(19) 宗教政策和宗教问题；(20) 改革开放；(21) 西部开发和东、中、西部协调发展；（22）中央和地方关系；（23）国际环境和对外关系；（24）自然灾害和对自然灾害的抵御。

6. 写作方面文字上要夹叙夹议，文质兼备。邓力群同志特别引用孔子的一句话："笔则笔之，削则削之"，即该写的你要写，要浓墨重彩；该删掉的要删掉，意思就是要详略得当，重点突出，同时语言要准确、鲜明、生动。

这些原则，在各卷编写过程中还形成一些具体的要点。就《国史稿》第三卷来说，对这一卷的总体把握有这样四点：

1. 区分十年"文革"和"文革"时期十年，"文革"时期不等于"文革"。

2. "文革"时期十年有三件大事：一是"文革"动乱和破坏，二是经济建设取得进展，三是外交局面取得突破。当然"文革"这件大事影响后面两件大事。2007 年 8 月，在北戴河，我们给宋平同志送《国史稿》内部讨论稿，征求宋平同志的意见。我向他汇报了邓力群同志的指导思想，编写过程中如何处理一些问题。说到邓力群同志一直强调，我们编写国史，要维护中华人民共和国的利益和荣誉，要以写成就、写发展、写经验为主，对错误和挫折不应回避，但要辩证分析，讲清楚犯错误的原因，讲清楚我们是怎样认识错误、自觉地改正错误并从错误中吸取教训，走上正确的轨道。宋老表示：这样认识和处理，很对。宋老讲了一个很好的观点。他说：有的书对缺点、错误过于强调，缺乏分析。没有分析哪些错误是难以避免的，哪些错误是因为什么原因而造成的，我们对待错误采取什么态度、什么办法，怎样纠正错误、走向正确。应该看到，我们犯错误，但人民还在奋斗，国家还在前进。要把领导犯错误和干部群众的努力奋斗相区别。写历史不能只讲领导的错误，而不说人民的努力，不说他们的创造和贡献。

宋平同志的这个观点我认为很重要，他这个思想很有指导意义。你不能因为领导犯错误，而认为国史就没有东西好写了。我们一方面要讲领导在犯错误，一方面也要讲人民群众在创造历史，在推动历史前进。

3. 十年“文革”分为三个阶段：“文革”发动（1966年5月）到九大（1969年4月），九大到十大（1973年8月），十大到粉碎“四人帮”（1976年10月）。我把这三个阶段从另外一个角度来说，形成这么个说法，是否成立，大家可以讨论：第一阶段是“文革”，现在国外研究“文革”的，他们讲“文革”就是讲这一个阶段；第二阶段是因为“文革”而继续进行的“文革”；第三阶段是因肯定还是否定“文革”而继续进行的“文革”，因此又发生批林批孔，发生1975年的整顿，又发生否定整顿，“批邓、反击右倾翻案风”，直到粉碎“四人帮”。

4. 社会主义道路的探索在“文革”时期没有中断，两种发展趋向中正确的和比较正确的趋向继续得到发展。

按这四点，我们的《国史稿》第三卷就写了三件大事，写了正确趋向的继续发展，三个发展阶段也写得比较清晰。

三、十分重视档案史料的查阅、搜集和整理

为写好《国史稿》第三卷，我们到中央档案馆查阅了不少档案。比如吴晗写的《论海瑞》文章，是胡乔木约他写的，最后又经过胡乔木修改。我与刘志男一起去档案馆查阅了有关档案。看原始档案与不看是不一样的，实物摆在面前，有一种震撼感。吴晗用毛笔写的稿子，用八开宣纸，一篇文章从头至尾基本上是正楷。胡乔木的修改，也是毛笔小楷，后面加写了一段，把庐山会议的精神体现出来。看了档案，关于论海瑞、关于《海瑞罢官》的前因后果形成一个说法，就有了独创性。

此外，我们还到很多部门去查档案，到中央办公厅、国家经委、铁道部、冶金部、教育部、文化部以及其他一些地方，如江苏、浙江，查阅了大量档案。还查阅了林彪、江青“两案”审理的部分材料。我们看了重要报告，也看了目录。此外，还查阅了老同

志提供的档案。大量查阅和研究档案材料，使《国史稿》第三卷具有不少新材料、新观点。

举例来说："文革"中经济方面的材料大量是从原国家经委来的；第五章第三节"规模空前的三线建设"，曾任西南三线建设副总指挥的钱敏同志提供了许多材料；第九章"1975 年整顿"是建立在许多档案资料基础上写成的，有不少新材料新观点。其中"煤炭、钢铁的整顿"中写了一节"八大钢座谈会"（1975 年 2 月 18 日至 3 月 11 日）①，这是别的书未曾写到的。是我与李建斌到冶金部（现称冶金工业局）查阅档案的成果。我们发现在我们之前没有人去查阅和利用过这次会议的档案。我们到铁路部查档案，看了铁路整顿时每天装车、行车情况的简报。运用这些材料写出来的内容，可靠，新颖。

在利用档案方面，应该指出，到档案馆查档固然是重要途径，但还有其他重要途径不要忽视。第一，要十分注重重要出版物（包括传记、年谱、文集选集、资料汇编等）中已经利用和公布的档案。第二，要重视重要会议的纪要、简报，这里有许多丰富的历史材料。如庐山会议简报，就包含许多党史材料。每次开会批判，都要把过去的老账翻过来，你看一遍会议纪要，等于是重温一次党史，而且很具体，有很多不知道的史料。第三，同时也要注意报刊文章中公开的材料，特别是最近几年公布的更多。如第五章第四节第三目"社队工业的兴起"② 中浙江永康县银行干部周长庚关于社队企业给毛泽东和党中央的信，毛泽东支持社队企业的批示，邓小平落实情况的材料，就是在农业部的内刊《农史研究》上看到的。还有无锡社队企业受到重视的情况，是从《无锡县志》上面看到

---

① 《中华人民共和国史稿》第 3 卷，人民出版社、当代中国出版社 2012 年版，第 245—246 页。

② 《中华人民共和国史稿》第 3 卷，人民出版社、当代中国出版社 2012 年版，第 133 页。

的。也就是说，要天天看报看新出的杂志、图书，留意新公布的档案材料。

四、十分重视口述史料的采访、搜集和整理

在这方面，我们当代所做了许多工作。当代所创办之初，因为当时没有地方，就在中南海“西楼”进行国史大讨论，顺着历史发展，把各个时期的重要事件和主要问题讨论了一遍，又就各卷的编写提纲讨论了一遍。邓力群同志主持，大家发言，最后邓力群总结。他系统讲解了他亲历和了解的新中国发展过程中的要人大事。

还有很多部门的负责人应邀到我们所来作报告，如袁宝华（经委）来所作了系统的关于经济工作的系列报告。来所作专题报告的还有李淑铮（中联部）、俞雷（公安部）、袁木（国务院）、刘吉（国家体委）等部委的负责人和吴仁宝（华西村书记）、秦振华（张家港市委书记）、王伟成（江阴市市长）等基层负责人。他们都提供了宝贵的口述历史。李力安同志亲自带领访问了宋任穷、陈锡联、李德生、吴德、赛福鼎、杨贵等领导同志。他还带队到江苏、浙江进行乡镇企业调查，到山西进行大中小学国史教育现状调查，调查结果出了一本专著。

我们第三研究室的同志还访问了汪东兴、耿飚、廖汉生、钱敏、房维中、龚育之、唐由之（给毛泽东做眼科手术的）、周海婴（鲁迅之子）、谢铁骊（著名导演）、卢荻（北大教授、整理《水浒》谈话）、铁瑛（浙江省委书记）、曹鸿鸣（江苏省委书记）、王敏生（苏州地委书记）等同志。

采访的作用，不仅仅了解史实，还能对历史事件和人物加深理解和认识，还能从他们那里得到重要材料。举例来说：访问西南三线副总指挥钱敏，了解了三线建设的情况（包括上海工厂是如何搬迁的，攀枝花是如何选址的），还了解了有关彭德怀“文革”初期的情况。因为钱敏和彭德怀都是三线建设的副总指挥。当时，他们

同住一个院子，彭德怀住前院，钱敏住后院，“文革”中，红卫兵来提审彭德怀，是钱敏亲自给周恩来总理办公室打电话，请示如何处理。这些情况如不采访当事人，无法知道。

采访廖汉生，了解了粉碎“四人帮”前针对上海第二武装可能发动反革命叛乱作出的军事部署。本来书稿上写了一段话：对于“第二武装”的大本营上海此举（指反革命武装叛乱），叶剑英、华国锋等早就料到，已经作了周密部署。在10月6日解决“四人帮”之前，就已布置东海舰队从海上监视，驻镇江的六十军向无锡、驻浙江的一军向上海“拉练”，从西、南两面形成钳制上海之势。

访问唐由之了解了毛泽东做左眼手术的经过，澄清了《创业》批示是毛泽东看过《创业》电影后写下的误说。这种误说，最初出自《毛泽东论文艺》中为《创业》批示写的题注。这条题注说，春节以后，毛泽东做手术，还请做手术的唐由之等看了《创业》的电影，然后作了批示。大家就都这么说。还有毛泽东批示的话“不利于调整党内文艺政策”。当时，我看了感觉不通，后来到当代所，邓力群同志那里有复印件，看了以后不是这样，是把草字“的”当作“内”字了。唐由之说：毛泽东23日做手术，24日取下蒙眼的纱布，重见光明，很高兴，还看文件，结果眼睛又痛了，又蒙上，怎么可能允许他看电影呢？如果不访问当事人，这中间的细节弄不清楚。

访问芦荻以后，就明确关于《水浒》谈话是8月13日而非14日（有整理的记录稿为证）。14日是发出的日子。

听龚育之谈科学院汇报提纲，他指出，不能说要用科学院汇报提纲来指导上层建筑以至意识形态领域的整顿，不是说科学技术是第一生产力吗？既然是第一生产力，怎么仅仅是指导意识形态呢？听完以后，我们豁然开朗，还是说指导科技、教育、文化领域，比较好。

访问耿飚收获很大。他讲了华国锋为中国代表团团长乔冠华在联合国发言的稿上仍然写上“按既定方针办”写批语的事。华国锋11月2日写批语：六个字错了三个。然后华国锋到耿飚那里问怎么办。耿飚说没问题，北京与纽约有13个小时时差，让韩念龙发电报通知乔冠华纠正过来，来得及。华国锋还说，最近有事，我亲自打电话找你，秘书打电话不算。这是粉碎“四人帮”前的一次重要谈话。像这种材料不是访问当事人，无法得知。[①]

以上所说口述史料、档案资料等往往需要综合起来考察和运用。如第十章写到的南京事件，就是一个例子。一般经过，我们在南京大学查了档案；南京事件发生后，以中央名义发电话通知压制。南京反弹，南京街头于4月3日又刷出15条大标语及其内容，是江苏省委办公厅向我们提供的档案，是当时有关部门的报告，是可靠的；1976年3月31日，南京汽车厂制泵分厂职工在南京的闹市新街口东侧南京军区的围墙上面，贴出一条大标语，内容是：“打倒大野心家、大阴谋家——张春桥！”直接点明斗争目标。这些内容写到《国史稿》第三卷中去了。当时我刚好在南京，是我当场看到的。当天下午我回到我工作的单位淮安师范，路过清江市，就看到八面伏广场中间有一个小花圈。我们通过现场目击、当时的档案材料和口头采访，多方面收集和整理资料。这是我们的史书写得比较真实、生动的重要原因。[②]

五、研究国史，心里要挂着问题，时时处处留心，同国史编研联系起来

毛泽东写批语推荐的徐寅生的《怎样打乒乓球》，希望没有看过的同志看一看。其中一个重要方法，就是把日常遇到的事情同打乒乓球联系起来，从中受到启发，改进和提高打乒乓球的技术。我

---

① 《中华人民共和国史稿》第3卷，人民出版社、当代中国出版社2012年版，第300页。

② 《中华人民共和国史稿》第3卷，人民出版社、当代中国出版社2012年版，第287—288页。

们做国史编研工作，道理也是一样的，而且可能比打乒乓球更重要。读书看报，时时留意，有用的史料，好的文章和语句，包括别人的观点、自己的闪光的思想，随时记下来。尽可能搞剪报，搞摘记，长期积累。比如，音乐家傅庚辰在一次发言中谈到，夏衍告诉他，不再提文艺为政治服务，后来改为“二为”方向，是1979年第四次文代会前，夏衍首先在列席政治局会议时提出来的，夏衍说：我没有解释理由，我不能给政治局讲课啊！我听了以后就赶快记下来，这些材料将来可能能用上。再比如，我读到列宁的一段话，对于怎样评价粉碎“四人帮”后的两年有指导意义，记下来备用（下面具体讲）。再比如，究竟怎样写历史算是做到了“历史与逻辑的统一”？这是一个值得研究的课题。这两年，我就注意收集这方面的实例，看别人写的文章时注意，自己写东西也尽量这样做。我觉得胡乔木论中国为什么选择社会主义，胡绳论中国为什么不能走资本主义，这两篇分别从现状和历史进行分析，在历史与逻辑统一方面做得比较好。我们如果能够从马恩著作、列宁著作、毛泽东著作，以及一些历史著作中，找到10到20个例子，同马恩关于历史与逻辑的统一论述编在一起，可以学到这方面的知识和本领，是功德无量的事情。

六、要注重理论思考

弄清史实（来龙去脉）、辨明联系（前因后果）、作出判断（是非曲直）、提炼概括（探寻规律）、回答问题，历史研究与编纂的这些基本环节，都需要注重理论思考。在《国史稿》第三卷编写过程中，我们遇到的问题大致有两类。

一类是对理论问题和历史问题的总的判断。如：

1. 毛泽东的“三个世界”划分的指称问题，是理论，还是战略，还是思想，还是主张，还是战略思想？五种说法都是比较权威的。胡乔木接受邓小平交的任务，组织撰写的文章，称理论，题目就是《毛主席关于三个世界划分的理论是对马克思列宁主义的重大贡献》。邓小平在《坚持四项基本原则》（1979年3月30日）中说“关于划分三个世界的战略”、“这一战略原则”①，又说：“毛泽东同志在他的晚年还提出了关于三个世界划分的战略思想，并且亲自开创了中美关系和中日关系的新阶段。”② 中央文献研究室编的《毛泽东传》有两种提法，一个是“毛泽东关于三个世界的主张”③，另一个提法是邓小平同志1974年4月12日在联大有个发言，全面系统地说明“毛泽东关于三个世界划分的思想”④。《中国共产党历史大事记》也称“思想”⑤。《国史稿》第三卷最终采用“战略思想”的提法，第七章第五目的标题为：“毛泽东‘三个世界’划分战略思想的提出”。“战略思想”的提法，不说“理论”但兼顾“理论”。

2. “邓小平主持的1975年整顿”，是否是“全面整顿”？我们的《国史稿》第三卷分析了整顿的三个阶段：重点整顿，整顿的全面展开和深入发展，全面整顿的部署和整顿的中断，说明邓小平部署了全面整顿而还没有来得及搞（准备今冬明春进行）就因批邓、反击右倾翻案风而中断了。故第九章第二节的标题为“邓小平主持1975年整顿”，而没有用“全面”二字⑥。这同党史二卷的“邓小平主持1975年全面整顿”的提法是不同的。后来，在纪念中国共产党90周年时中央党史研究室编辑出版的大事年表没有再用“全面整顿”的提法，用的是“对全国各方面的工作进行整顿”，“整顿被迫

---

① 《邓小平选集》第2卷，人民出版社1994年版，第160页。

② 《邓小平选集》第2卷，人民出版社1994年版，第172页。

③ 逄先知、金冲及主编：《毛泽东传（1949—1976）》，中央文献出版社2003年版，第1688页。

④ 逄先知、金冲及主编：《毛泽东传1949—1976》，中央文献出版社2003年版，第1690页。

⑤ 《中国共产党历史大事记》，人民出版社2011年版，第114页。

⑥ 《中华人民共和国史稿》第3卷，人民出版社、当代中国出版社2012年版，第241页。

中断”。[1] 在评价历史的时候，局部、全局，各方面、全面，程度是有区别的。要在一个水平面上用。反右派斗争扩大化是局部而非全局的错误，1975 年整顿说是全面整顿，尺度就不一致，就摆不平了。

3. 对毛泽东关于理论问题谈话的理解和评价问题。这个问题可以说是《国史稿》第三卷写作中遇到的最大难题。对这个问题的理解，在编写人员全体大会上争论得比较激烈。我们没有采取简单化的全盘否定的办法，而是联系马克思列宁主义、毛泽东的思想、中华人民共和国的历史和现实生活，谈话本意及其产生的实际影响，作了比较辩证的分析。

4. 对粉碎“四人帮”重大事件的历史评价问题。我们采用了《历史决议》第 25 节的提法。第十章最后一段写道：“粉碎‘四人帮’的胜利，从危难中挽救了党，挽救了革命，挽救了中国的社会主义事业，结束了‘文化大革命’这场持续十年的内乱，使人民共和国进入了新的历史发展时期。”[2]“进入新的历史发展时期”这句话，有些学者不愿意说。为什么？这里有个根本的问题，即对历史阶段的认识。他们认为粉碎“四人帮”以后“文化大革命”极左的那一套还没有肃清，还在延续，甚至认为“文化大革命”还没有结束。把此后的两年放在“文化大革命”时期中间去讲，不承认这两年主流是前进，而只说是徘徊。这里用得到列宁的话。列宁指出：“无论在自然界和在社会中，实际生活随时随地都使我们看到新事物中有旧的残余。”怎么能因为“文化大革命”的影响没有肃清而否定粉碎“四人帮”以后的根本性的改变呢？应该承认粉碎“四人帮”以后，换了个天地，但是新事物中有旧的残余，不能强调有旧的残余而否定质的变化，正如新中国成立以后，民主革命许多任务还没有完成，但不能否认新中国成立了，一个新时代开始了，从此社会

---

① 《中国共产党大事年表》，人民出版社 1981 年版，第 115 页。

② 《中华人民共和国史稿》第 3 卷，人民出版社、当代中国出版社 2012 年版，第 303 页。

主义革命开始了，一样的道理。这牵涉到共和国史的历史分期问题，牵涉到对这两年总的评价问题。邓小平说，没有这个两年，就没有三中全会。所以说，这两年为三中全会作了酝酿和准备，是走向历史转折的两年。

另一类是比较重要的一些具体问题，有的没有写到《国史稿》第三卷中，但书稿中体现了这一精神。举几个例子：

（1）关于1975年整顿中断的历史必然性。我们运用恩格斯关于社会悲剧的论述（历史的必然要求和这个要求在事实上不可能实现）分析邓小平和毛泽东的分歧，说明1975年整顿中断的历史必然性。分歧有三个层面：一、现实层面：肯定还是否定“文化大革命”。二、路线层面：“三项指示为纲”还是“阶级斗争为纲”。三、理论层面：什么是社会主义，怎样建设社会主义。毛主席要“纯”、要“公”的社会主义，而邓小平认为贫穷不是社会主义，社会主义可以容纳某些资本主义因素。

（2）四五运动与天安门事件的关系问题。牵涉到这两个概念的运用。很明显，天安门事件不能涵盖四五运动，它是特指清明节前后在天安门广场发生的事件，有其独立性。但有时一定要说天安门事件（如天安门诗抄、为天安门事件平反）。现在《国史稿》第三卷中采用的提法是“以天安门事件为中心的四五运动”。①

（3）如何看待《光明日报》10月4日发表的梁效文章《永远按毛主席既定方针办?》，这篇文章导致提前对“四人帮”采取行动。这篇文章上面写有“任何修正主义头子胆敢篡改毛主席的既定方针是决然没有好下场的”，华国锋、李鑫看了以后，就觉得发出了一个信号，他们要动手了。因此，就决策要提前行动。而对《光明日报》编发稿子的当事人进行政治审查，查出这篇文章是九月二十几号就约梁效写的，并不是因为针对华国锋的批示约写的，有一种意见以

---

① 《中华人民共和国史稿》第3卷，人民出版社、当代中国出版社2012年版，第290页。

此为据，认为不能看做“四人帮”篡党夺权的信号。我们主张动机与效果统一，要看文章的后果怎样，文章发表后究竟发生了什么事，历史是怎样发展的，而不是以主观动机来论定。10 月 4 日这篇文章发表后，当时华国锋、叶剑英、李鑫看了以后，大家一致的感受是他们要动手了，我们必须赶快提先动手。本来定的是国庆节十天以后再说，这时决定提前到 10 月 6 日动手。根据上述观点，关于此事，《国史稿》第三卷第 300 页和 301 页在叙述梁效文章要点（其中说：“任何修正主义头子胆敢篡改毛主席的既定方针，是绝然没有好下场的。”）后，主要写了两段话。一段是：“‘梁效’是‘四人帮’的重要舆论工具，这篇文章的矛头所向，引起了华国锋等人的高度警觉。加上‘四人帮’这一段时间活动的种种迹象，表明他们要篡夺党和国家的最高领导权。”另一段是：“10 月 4 日傍晚，叶剑英赶到东交民巷华国锋住所，商量对策。叶剑英提出改变原定国庆节后准备十天视情况再定动手的部署，提前采取行动，‘先发制人，以快打慢’，下决心‘一破一立除四害’。华国锋决定‘至迟后天动手’，请叶剑英同汪东兴落实行动计划。”本来原稿还有一句说文章虽然是 9 月就约写的，但在这时发表出来如何如何的话，后来定稿时删掉了。从大处着眼，这里的确不需要拖泥带水，为当事人开脱。

（4）汪东兴在粉碎“四人帮”中的作用和地位，即对汪东兴的历史评价问题。《历史决议》中没有提汪东兴，有当时的特定背景。《国史稿》第三卷从叙述中表现汪东兴的作用。这段话是：“……华国锋同叶剑英、李先念及汪东兴等反复研究，认为……应采取果断措施加以解决……决定对‘四人帮’采取隔离审查措施。”[①] 书中对华国锋、叶剑英的“决定作用”未作评定，对汪东兴也未作“一言以蔽之”式的评定（起了重要作用）。以后修改时都可以加上。

---

① 《中华人民共和国史稿》第 3 卷，人民出版社、当代中国出版社 2012 年版，第 299 页。

七、要多写

研究心得和学术成果要形诸文字。从心里想到讲再到写，这是多次概括、多次升华的过程。采用的形式可繁可简，可长可短。以前我曾介绍过我的老师讲过的对副教授的要求：副教授要同时开三门课，一门基础课，一门专业基础课，一门专业课。还要跳好三步舞，即不时在报纸上发表些随笔、摘记、资料等文章，三五个月在杂志上发表一篇论文，两三年出版一本专著。我的体会是笔要勤，有所得时就写。可以写随笔、记事和论文等各种体裁的文章。要重视资料的整理编纂。要选定专题，进行深入的研究，写出专著。要在这个领域取得发言权或者说话语权，逐渐成为领跑者。还要注意学术成果的大众化，使我们的研究成果为公众共享，并且传播到海外去，让世界了解中华人民共和国的历史，正确认识中国，喜欢中国。这是我们所应该担负的任务。

八、要虚心求教

我当第三室主任，室内成员陈东林、杜蒲、李丹慧、刘志男，在“文革”史研究方面都比我强。当时陈东林、李丹慧已经编写了一部《文化大革命辞典》，日本有出版社准备出版。杜蒲写了一本专著，即他的博士论文《文化大革命中的极左思潮》，准备出版。刘志男长期在《当代中国》丛书编辑部工作，情况也很熟悉。我抱着虚心向他们学习的态度。记得我同他们一起去拜访中央党校的金春明先生，我说要请你多多指教。他说，我同你是同辈人，不要那么客气。我说，不是客气，在“文革”史研究方面我一无所有。就是这么一个态度，完全真心诚意，所以金先生非常乐于帮助我们。不少同志对我们帮助很大。比如：中央纪委汪文风同志向我们介绍了预审张春桥的情况，说明张春桥后来为何不说话。中央党史研究室苏采青同志给了我们不少他做的卡片资料。中央党史研究室张化同志告诉我们，周荣鑫主持起草了1975年《教育工作汇报提纲》，后来我们找到了。中央文献研究室鲁振祥同志、中央党史研究室王朝美同志，都已到癌症晚期，仍悉心为我们审读书稿，提出宝贵意见，令我们非常感动。

向同行虚心求教，同兄弟单位团结合作，是做好国史编研工作的很重要的一环。同时，我们也胸怀大志。记得开始编写时，我和第三研究室提出一个目标：三年走到前沿，五年争取领先。这个目标是基本上达到了。

九、要不屈不挠，自强不息

在讲第一条使命感、责任心、自觉性时，我说我的体会，衡量有没有使命感、责任心、自觉性，使命感、责任心、自觉性强不强，最重要的一点是遇到挫折、困难等等时能否坚持，能否坚守，能否充满信心、毫不懈怠，这一点特别重要。人一辈子不可能是一帆风顺的，困难与挫折永远都在等待你，就像胜利在等待你一样。但胜利必须是战胜了困难、挫折，才能到来。在这方面，我感到邓力群同志是我们学习的榜样，特别是他那种宽广博大的胸怀、不屈不挠的精神，永远值得我们学习。在这里，我想介绍他回答我的两句话，作为我今天发言的结束语。

有一次谈到不同意见讨论的问题时，我说：力群同志，我们起初不同意你的意见，后来通过讨论，听了你的解释，赞成你的意见了，你一定很高兴吧。他说：也不，只要能够动脑筋、想问题，把不同意见说出来，我就很高兴。这种民主作风，鼓励人想问题、讨论问题的精神，我认为很好。还有一次，我说：香港、台湾的报纸天天骂你、污辱你，你一定很生气吧。他说：我才不上他们的当呢！

孔夫子说：人不知而不愠，不亦君子乎！（《论语·学而》）我觉得邓老真正做到了，是真君子，值得我们学习！

改革开放与中国特色社会主义的初创

——《中华人民共和国史稿》第四卷编纂工作体会

《中华人民共和国史稿》第四卷主编　张星星

《中华人民共和国史稿》第四卷是在编委会领导下集体奋斗的成果。参加第四卷前期撰稿工作的有于剑飞、孙学文、李正华、李永田、李建斌、陈立旭、段若非、康文斌、程中原、蒋仲辉，参加第四卷后期修改工作的有张星星、李正华、李建斌。我是在《国史稿》后期送审和修改期间担任的编委、副主编、第四卷主编，由于参加这项工作的时间较短，所以我的体会可能比较肤浅，也难免会有讲得不对的地方，请大家批评指正。

一、关于第四卷的主要历史特点

中共十一届六中全会通过的《关于建国以来党的若干历史问题的决议》指出："1976 年 10 月粉碎江青反革命集团的胜利，从危难中挽救了党，挽救了革命，使我们的国家进入了新的历史发展时期。"这个新的历史发展时期"新"在哪里？怎样才能写好这个新的历史发展时期不同于《国史稿》此前各时期的历史特点？这些新的历史特点可以概括很多方面，最主要的有四个方面：

第一，从“毛泽东时代”到“邓小平时代”。

《国史稿》第一、二、三卷记述的是以毛泽东为核心的第一代中央领导集体时期，而第四卷则过渡到以邓小平为核心的第二代中央领导集体时期。邓小平作为第二代中央领导集体的核心，为实现伟大的历史转折，为改革开放和中国特色社会主义事业的开创作出了重大的历史贡献。第四卷必须认真写好邓小平在中央领导集体中的核心地位，写好以邓小平为核心的第二代中央领导集体团结和带领全国各族人民，完成指导思想的拨乱反正，实现新中国最伟大的历史转折，初步确立“一个中心、两个基本点”，探索和开创中国特色社会主义道路的历史进程。这是这一时期的历史主线，也是修改第四卷的总体指导思想和改好第四卷的关键。这里可以套用邓小平在指导第二个《历史决议》时说的一句话：写好毛泽东和毛泽东思想的历史地位，“这不只是个理论问题，尤其是个政治问题，是国际国内的很大的政治问题。如果不写或写不好这个部分，整个决议都不如不做。”① 第四卷如果写不好邓小平的历史地位和历史贡献，也无法正确反映这一时期的历史主线。

第二，从“以阶级斗争为纲”到以经济建设为中心。

生产力是人类社会历史发展的最终决定力量，这是历史唯物主义的基本原理。人类社会要生存和发展，就离不开生活资料、生产资料的生产和再生产。马克思和恩格斯曾指出：“第一个历史活动就是生产满足这些需要的资料，即生产物质生活本身，而且这是这样的历史活动，一切历史的一种基本条件，人们单是为了能够生活就必须每日每时去完成它，现在和几千年前都是这样。……任何历史观的第一件事情就是必须注意上述基本事实的全部意义和全部范围，并给予应有的重视。”② 新中国的发展历程曾走过曲折的道路，其中一个重要失误就是长时间坚持“以阶级斗争为纲”。新时期最

---

① 《邓小平文选》第2卷，人民出版社1994年版，第299页。

② 《马克思恩格斯选集》第1卷，人民出版社1995年版，第79页。

重要的历史转折，就是党和国家工作中心的战略转移，确立了以经济建设为中心，对这一时期的经济社会发展产生了具有决定作用的影响。全国人民的注意力转移到经济建设上来，带来了“新时期最显著的成就是快速发展”。正如邓小平所指出：“这是一个重要的转折”，“这是最根本的拨乱反正”①。

第三，拨乱反正与科学评价毛泽东和毛泽东思想的历史地位。

新的历史发展时期的重要特点之一，就是大规模的拨乱反正，“拨林彪、‘四人帮’破坏之乱，批评毛泽东同志晚年的错误，回到毛泽东思想的正确轨道上来”②。有没有马克思主义的政治勇气和理论勇气，实事求是地指出和纠正毛泽东晚年的错误，是能否拨乱反正的关键；能不能科学地公正地评价毛泽东的历史地位，继续高举毛泽东思想的伟大旗帜，是关系到党和人民根本利益的重大政治问题。邓小平指出：“从许多方面来说，现在我们还是把毛泽东同志已经提出、但是没有做的事情做起来，把他反对错了的改正过来，把他没有做好的事情做好。今后相当长的时期，还是做这件事。当然，我们也有发展，而且还要继续发展。”③ 有的同志把这段话概括为继承、纠正、发展三个词，并强调这三个方面相互联系、相辅相成、缺一不可。江泽民曾评价说：“邓小平同志领导我们党总结建国以来的历史经验，以巨大的政治勇气和理论勇气，坚持科学地评价毛泽东同志的历史地位和毛泽东思想的科学体系，根本否定了‘文化大革命’的错误实践和理论，同时坚决顶住否定毛泽东同志和毛泽东思想的错误思潮。随着国内局势的发展和国际局势的变化，越来越显示出这个重大决策的魄力和远见。”④

---

① 《邓小平文选》第3卷，人民出版社1993年版，第11、141页。
② 《邓小平文选》第2卷，人民出版社1994年版，第300页。
③ 《邓小平文选》第2卷，人民出版社1994年版，第300页。
④ 《十四大以来重要文献选编》（下），人民出版社1999年版，第2321页。

第四，改革开放与开创中国特色社会主义新道路。

“新时期最鲜明的特点是改革开放”。改革开放从中共十一届三中全会后起步，经历了从农村改革到城市改革，从经济体制的改革到各方面体制的改革，从对内搞活到对外开放的波澜壮阔的历史进程。在深刻总结新中国成立以来正反两方面历史经验，特别是改革开放伟大实践的新鲜经验和人民群众生气勃勃的伟大创造基础上，邓小平在1982年中共十二大开幕词中第一次提出了“建设有中国特色的社会主义”的伟大时代主题。2012年12月，习近平在广东考察时深刻指出：“改革开放是我们党的历史上一次伟大觉醒，正是这个伟大觉醒孕育了新时期从理论到实践的伟大创造。实践证明，改革开放是当代中国发展进步的活力之源，是我们党和人民大踏步赶上时代前进步伐的重要法宝，是坚持和发展中国特色社会主义的必由之路。”认真写好并正确评价改革开放的启动、探索和初步展开，是修改第四卷的又一重要关键。

二、关于第四卷的起始和截止时间

第四卷主要记述了从1976年10月粉碎“四人帮”到1982年10月中共十二届三中全会作出《关于经济体制改革的决定》这8年的历史。对于这一卷的起始和截止时间，在中央组织的审读过程中，许多审读单位都曾多次提出过意见。关于“新时期”的时间起点问题，有的部门提出，改革开放新时期是从中共十一届三中全会开始的，建议第四卷的起始时间与此相统一。关于第四卷的截止时间有三种意见，第一种意见是可否考虑写到1987年中共十三大，因为这是邓小平建设有中国特色社会主义理论较为完整形成的标志；第二种意见建议将第四卷的截止时间改到1989年中共十三届四中全会召开之前；第三种意见建议截止到1992年邓小平视察南方，发表南方谈话。这些意见应该说都有道理，我们都做了认真而慎重的考虑，但是最后没有能采纳这些意见。

关于第四卷及“新时期”的起始时间，《关于建国以来党的若干历史问题的决议》指出：“1976 年 10 月粉碎江青反革命集团的胜利，从危难中挽救了党，挽救了革命，使我们的国家进入了新的历史发展时期。”① 中共十四大报告认为：“一九七八年召开的十一届三中全会和全会形成的以邓小平同志为核心的中央领导集体，承担起艰巨的使命，实现了伟大的历史性转折，开创了我国社会主义事业发展的新时期。”② 以后中共历次代表大会的报告等文献也都有基本相同的提法。我们认为，“新的历史发展时期”和“改革开放的新时期”，这两种提法并不矛盾，都是有文献依据的。从历史编纂学的角度看，这两种划分方法都可以成立。就《国史稿》的具体情况来看，如果第四卷从中共十一届三中全会开始写，就会把邓小平恢复工作、全国科学大会召开、拨乱反正的起步、真理标准问题大讨论等放到第三卷即“文化大革命”时期里写。这样处理也会有许多不尽妥当之处。因此，第四卷的起始时间仍然是从 1976 年 10 月粉碎“四人帮”开始写起，同时加大一些中共十一届三中全会实现伟大历史转折的笔墨，进一步突出十一届三中全会伟大历史转折的地位，使“新的历史发展时期”和“改革开放的新时期”两个提法都能得到正确的反映。

关于第四卷的截止时间，我们并不认为写到 1984 年 10 月中共十二届三中全会是一种最妥当的处理办法，中央有关部门提出的把第四卷截止时间向后延伸的意见是有道理的。但是，《国史稿》的编纂工作是从 20 世纪 90 年代初启动的，那时要写 80 年代后期和 90 年代初的国史，确实有许多实际困难，而且把这一卷的下限断在 1984 年经济体制改革全面铺开之前也是有一定道理的。这是由历史原因造成的。2007 年《国史稿（内部讨论稿）》第一次成书和 2009 年《国史稿（送审稿）》第一次送审时，第四卷的章节、内容

① 《三中全会以来重要文献选编》（下），人民出版社 1982 年版，第 819 页。

② 《十四大以来重要文献选编》（上），人民出版社 1996 年版，第 4 页。

和文字量是各卷中最多的。如果再把截止时间向后延伸，增加三年甚至五年的内容，分量会更加膨胀，在短时间内也难以做到，只能基本保持原来的面貌。应该说，这是有一点遗憾的，这个遗憾只有待续写以后的国史时再来弥补了。

三、关于第四卷修改中的若干问题

在中央国家机关30个部委审读过程中，各部委提出了许多宝贵的意见和建议。从第四卷来说，除原则性修改意见和文字订正外，各部门提出的具体修改意见有210多条，有的部委还主动提供了修改或订正建议文稿。这些宝贵意见对《国史稿》第四卷避免疏漏、订正史实、提高质量，起到了非常重要的作用。

（一）关于华国锋与在徘徊中前进的两年

第四卷中的这一部分内容原来是按照第二个《历史决议》写的。第二个《历史决议》既肯定了华国锋“在粉碎江青反革命集团的斗争中有功，以后也做了有益的工作”，也指出了“十年‘文化大革命’造成的政治上思想上的混乱不容易在短期内消除”等客观原因，同时也批评“当时担任党中央主席的华国锋同志在指导思想上继续犯了‘左’的错误”。主要是：“他推行和迟迟不改正‘两个凡是’（即‘凡是毛主席作出的决策，我们都坚决维护，凡是毛主席的指示，我们都始终不渝地遵循’）的错误方针；压制一九七八年开展的对拨乱反正具有重大意义的关于真理标准问题的讨论；拖延和阻挠恢复老干部工作和平反历史上冤假错案（包括‘天安门事件’）的进程；在继续维护旧的个人崇拜的同时，还制造和接受对他自己的个人崇拜。一九七七年八月召开的党的第十一次全国代表大会，在揭批‘四人帮’和动员全党建设社会主义现代化强国方面起了积极作用。但是，由于当时历史条件的限制和华国锋同志的错误的影响，这次大会没有能够纠正‘文化大革命’的错误理论、政策和口号，反而加以肯定。对经济工作中的求成过急和其他一些‘左’倾政策的继续，华国锋同志也负有责任。”[①] 我们认为，这些结论是客观公允的，是经得起历史检验的。

在《国史稿》征求意见、送审和修改过程中，恰逢2008年华国锋逝世，新华社播发了经中央审定的《华国锋同志生平》，对华国锋用了“中国共产党的优秀党员，久经考验的忠诚的共产主义战士，无产阶级革命家”三个称呼，并指出：“粉碎‘四人帮’后，华国锋同志担任了中共中央主席、中央军委主席和国务院总理等职务。在此期间，他先后主持了党的十届三中全会、十一大、十一届三中全会等重要会议。他在老一辈无产阶级革命家的支持下，拨乱反正，恢复党和国家政治生活的正常秩序，动员组织广大干部群众积极投入经济建设各项工作，揭发批判‘四人帮’的罪行，清查他们的帮派体系，取得了很大成绩。他根据广大干部群众的要求，开始复查、平反冤假错案。他强调千方百计把经济搞上去，使工农业生产得到比较快的恢复和发展。在他的推动下，教育科学文化工作开始走向正常，外交工作取得了新的进展。华国锋同志在领导揭批‘四人帮’和动员全党全国各族人民建设社会主义现代化强国方面作出了很大努力。”2011年华国锋诞辰90周年，中共中央党史研究室又在《人民日报》发表《为党和人民事业奋斗的一生——纪念华国锋同志诞辰90周年》，基本采用了“生平”中的主要提法。

根据这些新的情况，有的部门建议：“根据中央对华国锋的评价，恰当地说明华国锋的作用和贡献”；也有部门提出：关于华国锋“推行和迟迟不改正‘两个凡是’的错误方针”问题，可以“虚化一些，不点名，只提个别‘中央领导人’”。我们基本采纳了这些意见和建议，按照《邓小平年谱（1975—1997）》、《中国共产党历史》第二卷和新华社的《华国锋同志生平》有关内容，适当加强了华国锋在担任中共中央主席、中央军委主席和国务院总理期间所做的有益工作，对“两个凡是”错误方针的提出作了“虚化”

① 《三中会会以来重要文献选编》（下），人民出版社1982年版，第820页。

处理，但对“推行和迟迟不改正‘两个凡是’的错误方针”问题，仍然按照第二个《历史决议》作了如实记述。

（二）关于农村改革率先突破

以实行家庭联产承包责任制为主要内容的农村经济体制改革，成为整个经济体制改革的突破口，有力地调动了广大农民的生产积极性，促进了农村经济发展，并对城市经济体制改革和其他领域改革产生了积极的影响。写好中国农民的这一伟大创造及其产生的广泛影响，有着重要意义，但也面临着一些问题：

一是包产到户、包干到户等家庭联产承包责任制形式，最初是从部分省区农村中自发兴起的，冲破了当时党和国家的一些政策规定。这跟国史中的其他重大事件有所不同，在记述方法上有些特殊情况。国史中的重大事件一般都是先写历史背景，再写党和国家的决策，然后写决策的实施过程和实践结果，最后作总结性的归纳概括。要先从基层的创造和突破写起，把握好基层突破与中央政策的关系，难度比较大，过程比较复杂，梳理清楚比较困难。第四卷在这一部分内容中注意写好农民的伟大创造与中央政策调整的互动关系，既充分反映了中国农民从实际出发的智慧和创造精神，也充分反映了中央肯定和支持农民的伟大创造，及时总结实践经验、调整农村政策，对农村改革率先突破的推动作用。

二是改变“政社合一”的农村人民公社体制。这项重大改革从1979年8月开始试点，1982年12月通过的《中华人民共和国宪法》作出相关法律规定，1983年10月中共中央、国务院正式发出《关于实行政社分开，建立乡政府的通知》，到1985年设立乡镇人民政府和村民委员会的工作全部完成，农村人民公社体制在实行27年后退出历史舞台。在中央组织的审读过程中，有的部门提出：“对实行了27年的人民公社体制要作出总体评价”。我们觉得这个建议提得很好，确实应当作出一个历史唯物主义的评价。但我们查了很多历史文献和学术成果，实在找不到相关的文献和学术依据，难以用简短的语言作出科学的总结和评价。这个问题还是值得予以关注并作出深入研究的。

三是关于邓小平“两个飞跃”的思想。第四卷在写完以实行家庭联产承包责任制为主要内容的农村经济体制改革之后，加写了一段90年代后邓小平关于农村发展“两个飞跃”的思想。这段内容非常重要，指出了中国农村改革进一步发展的方向。虽然第四卷的下限是1984年10月，在时间上可能有点“穿越”，但加写这一段，完整地反映农村改革和发展问题，还是有重要意义的。

（三）关于城市经济体制改革问题

在第四卷的时间段里，城市经济体制改革处于初步启动阶段，主要围绕扩大企业自主权、试行经济责任制、发展多种经济形式、疏通流通渠道等方面，从个别企业试点到面上渐次铺开，从企业内部改革到企业外部改组联合，再到城市综合经济体制改革试点，逐步全面展开。我们对从计划经济体制到有计划的商品经济、从单一公有制到发展多种经济成分、打开对外开放大门等情况比较熟悉，但也有许多我们原来不太熟悉而且专业性很强的领域，例如财政、税收、金融体制改革等等。关于这方面的内容，中央经济工作部门提出不少很有价值的意见和建议，对改好这一部分起到非常重要的作用。

例如，关于基本建设投资“拨改贷”，即基本建设投资由财政拨款改为银行贷款。这项改革措施从1979年8月开始试行，1981年起在实行独立核算、有还款能力的企业中推开。这一改革举措对压缩基建规模、推进政企分开起到了重要作用，同时也成为国有企业负担过重、负债过多的重要原因。如何对此作出一分为二的辩证分析，确实需要把握好分寸。中央有关部门在审读意见中建议：“补充财政改革的背景情况、主要内容、历史作用，同时对当时财政体制改革的评价最好更加客观，不宜过于从现在的标准评价当时特定历史条件下的政策、体制。”我们按照这一意见补充了有关内容，对不太适当的负面分析作出了修改。

再如，关于两步“利改税”，即1983年和1984年分两步实施的国有企业由原来向国家上缴利润改为缴纳税金。这项改革举措对调整国家与企业的利益关系，发挥好税收的调节杠杆作用，产生了重要的积极作用。但是，当时的国有企业税率与同期的非公有制企业、外资或中外合资企业税率相比，确有不尽合理之处。如果离开特定的历史背景，就很难对这种差别税率作出客观的公正的总体评价。中央有关部门在审读意见中提出，这一部分的原稿中有些表述和评价“不够准确，建议再作斟酌”。我们按照审读意见作出了适当修改。

又如，关于1981年开始在湖北沙市、江苏常州、四川重庆进行的城市综合经济体制改革试点，原来的稿子中内容比较单薄。中央有关部门在审读意见中建议，应当补充和充实这一部分内容。我们作了一些补充，但由于这方面的资料比较缺乏、研究不够深入，可能还存在一些差距。

此外，还有关于经济统计数据的使用问题。在经济体制改革和经济社会发展方面，经济统计数据发挥着极为重要的作用，同时也是一个非常复杂的问题。我们觉得：一是要用权威的统计数据，最好用国家统计局正式发布的统计数据；二是要用相对统一的数据来源，有些数据可能前后有变化，相对统一的数据来源才具有可比性；三是使用统计数据作计算和推导时，一定要严谨细致。在第四卷的修改工作中，核对经济统计数据花费了相当多的时间和精力。

（四）关于政治体制改革和民主法制建设

第四卷专门设立一章即第九章，记述和反映这一时期的“政治体制改革和民主法制建设”。这一章主要记述了政治体制改革指导原则的提出及其初步成果，五届全国人大五次会议和六届全国人大一次会议对民主法制建设的主要贡献，以及严厉打击各种犯罪活动的斗争，重点阐明了1982年《中华人民共和国宪法》的修订及其重要地位，有针对性地回答了“我们提出改革时就包括政治体制改革”。中央有关部委曾提出，这一章“无论是从历史的发展过程还是从对全局、对后来的重要影响看，都应当提前叙述。……因此，建议将社会主义民主法制建设和政治体制改革的内容，在结构安排上移至适当位置，并对这一部分充实有关内容、加重叙述份量。”经过综合考虑，我们认为“政治体制改革和民主法制建设”放在第九章的位置是适当的，是考虑了时序和定位两方面因素作出的安排，因此没有调整这一章的位置，主要对一些有关内容作了补充和修改。

（五）关于反对资产阶级自由化和反对精神污染的斗争

在有的国史、党史著作中，对这一时期反对资产阶级自由化和反对精神污染的记述，比较轻描淡写，没有充分反映这一问题的实质。我们认为，这一时期反对资产阶级自由化和反对精神污染的斗争，对坚持四项基本原则和社会主义精神文明建设，都有非常重要的意义，应当客观地如实记述，并认真总结其中的经验教训。当然，在最初的“内部讨论稿”和“送审稿”中，这一部分内容特别是反对精神污染的斗争，也存在文字过多、记述过细等问题。中央有关部门在审读意见中提出：“1983 年—1984 年反对精神污染的斗争，一共用了九个目，是整个书稿中列目最多的一节”，建议“可作些删节”。按照中央有关部门的审读意见，我们把社会主义精神文明建设与反对资产阶级自由化斗争由原来的两章合并为一章，适当删减了对清理精神污染曲折过程记述过细的内容，对涉及的个别人物作了淡化处理，没有点名。

四、关于国史编纂工作的几点思考

通过参加《国史稿》第四卷编写和修改工作，取得了很大收获，积累了一些经验，同时也对如何做好国史编纂工作作了一些思考。谈几点不成熟的认识。

第一，严格遵循中央对重大历史问题的总结和评价。中共十一届六中全会通过的《关于建国以来党的若干历史问题的决议》和十一届三中全会以来历次党的代表大会报告等有关文献，对重大历史问题作出的总结和评价，不仅是郑重的政治结论，而且是集中全党全国人民智慧、反映历史本质、揭示历史规律的科学结论。要准确记述、科学总结中华人民共和国的发展历程和宝贵经验，书写忠实于历史的中华人民共和国史，就必须深刻领会和严格遵循中央对重大历史问题作出的结论。作为一名国史工作者，一定要熟读这些有关的重要文献，完整准确地领会精神实质，科学地运用到国史研究和编纂工作中去。这当然不是说要把中央的有关文献原封不动地照搬到国史当中来，而是要通过我们严谨细致的研究、客观缜密的分析，为正确总结和评价重大历史问题提供科学的历史支撑。

第二，坚持以翔实准确的档案史料为依据，据史立论、论从史出。真实、客观地记述和评价历史，是历史著作的生命之根。《国史稿》的编写和修改工作，自始至终坚持从研究第一手的档案资料入手，以第一手的档案资料为基本依据，据史立论，论从史出，按照历史的本来面貌记述历史，从客观的历史记述中探寻历史规律。档案资料浩如烟海，研究工作单调枯燥，只有静下心、屏住气、钻进去，认真做一番去粗取精、去伪存真、由此及彼、由表及里的研究功夫，才能从纷繁复杂的历史现象中发现历史的本质和规律，才能从对历史规律的探寻和追索中挖掘出有益的历史借鉴。

第三，科学谋划和设计各领域、各部门在国史中“面”和“线”上的布局。为避免与中共党史的雷同，《国史稿》在内容上更侧重于治国理政的国务活动，注意反映经济、文化、教育、科技、卫生、体育、民族宗教、社会风尚、国防、外交、气候灾害等方面的国家大事。然而，一部国史著作的容量毕竟有限，不可能对方方面面都平分秋色，也不可能把所有大事都收纳其中。必须对国史涉及的各领域、各部门有一个全局性的整体谋划，对国史的总体历史线索和各领域、各部门的历史连续性作出科学的设计。中央组织30个部委三次审读书稿，对《国史稿》实现“面”

和“线”上的科学布局，起到了很好的帮助作用。根据有关部委的意见和建议，第四卷在修改中补写了不少内容，避免了重大遗漏。

第四，慎重对待历史人物在国史中的列名和评价问题。在中央有关部委的历次审读意见中，对历史人物的列名、排序和评价等问题提出了不少修改意见。历史人物是历史活动的主体，写好历史人物在历史活动中地位和作用，对生动地反映历史、增强历史内容的丰富性有着非常重要的意义。作为一部正式的国家历史，哪些人物可以入史，哪些人物不宜入史，如何处理好记事与写人的关系，如何把握好历史人物正面评价与点名批评的分寸，都是需要慎重对待的重大问题，切不可仅凭个人的好恶亲疏随意评断。无论正面评价、人物排序，还是点名批评，都要有充分的历史依据，要有统一的评价标准，要做到客观公正。

第五，恰当选择档案文献和历史资料的采用。有的中央部门在审读意见中提出：“目前书稿中有三种情况值得注意：一是资料、史料的来源和所依据的书刊有些不具备权威性；二是有些部分所运用的材料、史料，来源比较单一；三是一些内部编印的绝密资料不宜作为公开出版物引用材料、史料的出处……”档案文献和历史资料是历史著作的重要支撑，是历史著作客观性、可信性、权威性的重要基础。要注意文献资料的权威性，尽量引用中央权威部门编辑出版的正式文献集；要坚持引用第一手的原始资料，尽量避免转引第二手的资料；要注意文献资料的系统性，以形成对历史进程比较完整的证据链；要注意文献史料、报刊史料、口述史料等各类史料的相互配合和相互印证，避免单一资料可能导致的偏误。

第六，采用正史的文笔文风。编委会很明确地要求，《国史稿》要采取正史的文笔文风，力争做到质文兼备、精确严谨。但最初的“送审稿”确实还存在文笔文风不够统一的情况。中央有关审读部门在这方面提出了许多好的意见和建议，有的提出：

"《国史稿》作为史书，要经得起历史的检验，应充分体现客观性，行文中不宜使用带有强烈感情色彩的语言，应以历史文献表述为依据，多用叙述性的语言"；有的提出："全书的语言、语气及文风问题，不宜将编写人员的特殊个人感情和个人主观评判渗透到书稿中，建议尽量避免使用小说式的写法和情绪化的语言"；也有的提出："书稿中一些地方使用了一些描述性的、纪实性的语言；有的地方对有关人物和事件的评述，有一点大批判式的口气等，似不适宜，与史书的语言风格也不协调。"这些意见对我们把握好文笔文风很有帮助。